若者のための
コミュニケーションスキル
練習帳

学生の就活支援および
新入社員教育のために

秋山 剛 |監修 集団認知行動療法研究会——著
Tsuyoshi Akiyama

金剛出版

はじめに

　初めて就職する若者が社会人としてうまく業務に入っていけるためには、支援を必要とします。この本は、若者の支援をする方に、支援のテキストとして使っていただけるように作成しました。大学の就職支援スタッフ、学生相談をしているカウンセラー、ご家族を主な対象と考えていますが、入職後の新入社員教育にも使ってもらえると思います。

　今の若者は、学校を卒業するまでは、「お客さん」扱いで、成績表が親に送られる場合もあるなど、自分の行動にどう責任をとるのかについて、あまり経験する場がないかもしれません。また、学校で、質問の仕方、意見の述べ方、議論するときの方法などを、きちんと学んでいない場合もあるでしょう。

　最近は、SNSなど手軽なコミュニケーションツールが広く利用されているので、電話などかしこまったやりとりをする機会が減り、大切な内容に関するメールを書いたことがない人もいると思います。しかし就職すれば、お客さんにはきちんと対応しなければなりませんし、取引先、上司、同僚ともきちんとコミュニケーションをとらなければなりません。学生までとは、大きく立場が変わってしまうので、若者は大変です。

　パートⅠでは、「聞く！ 話す！」「若者のいう『つきあい』って？」「しがらみを味方にする」「若者を上手に支援する」「こころのつぶやき」「思い、伝えよう！」という流れで、若者に身につけてもらいたいこと、気をつけてもらいたいことについて、支援す

るときのコツ、支援するときの考え方を全体的に説明しています。

　次のパートⅡが、この本の中心で、「挨拶は基本行動」「聞く耳をもつ、ということ」「上手に『質問』できていますか？」「『賛成！』は丁寧に、はっきりと」「意見が合わなくても恐くない」「なるほど、そうきましたか」「相談しよう！　そうしよう！」「ミスしちゃった！　さあどうする？」「根回し、超大事」「私の伝えたいこと」「人生はスケジュール」「社会人メールABC」「『電話』でイメージアップ」という流れで、若者に社会人としてのコミュニケーションスキルの基本を身につけてもらえるよう、1つずつわかりやすく説明しています。これらの支援がうまくできれば、「挨拶もできない」「人の話を聞いていない」「質問もできない」「何を言っているのかわからない」「ちょっと違う意見を言われるとすぐにつぶれる」「必要なときに相談してこない」「ミスしたときに立ち往生する」「根回しが全然わかっていない」「提案をまとめられない」「時間管理ができていない」「業務メールの出し方も知らない」「電話に出られない、かけられない」といった批判を乗り越えられるよう、支援できると思います。

　パートⅢは、「採用面接とお見合いの関係」「社会人としての言葉遣い」と、スキルを実践してもらうための方法を説明しています。

　パートⅣでは、就職支援スタッフ、カウンセラー、ご家族の方へのメッセージをまとめています。

　この本の著者は、すべて集団認知行動療法研究会のメンバーです。集団認知行動療法とは、「人々の中で（集団）」「悲観的なものの見方にとらわれず（認知）」「問題解決していく（行動）」ためのスキルです。認知行動療法は、一番エビデンス・根拠が確かな心理療法（カウンセリング）です。つまり、この本は非常に分かりやすく書かれていますが、きちんとした根拠をもって作成されています。集団認知行動療法のスキルを、若者の支援をしている方々

の役に立つように、書き直してみたのがこのテキストです。

　若者にスキルがないとして、それを批判しているだけでは、大人の責任を果たせません。現在の社会の中で若者が十分な経験を積む機会がないのであれば、それは、そういう社会をつくってきた大人の責任です。若者が能力を発揮し、社会人として成長していけるように支援の労をとられている方に、この本が少しでもお役に立てればと思います。

集団認知行動療法研究会代表世話人
NTT東日本関東病院精神科部長

秋山 剛

目　次

はじめに ——————————————————————— 3

パートI　対人関係の基本

01　聞く！　話す！ ————————————————— 12
　　　小グループでの話し合い

02　若者のいう「つきあい」って？ ——————— 18
　　　今の若者と対人関係

03　しがらみを味方にする ——————————— 26
　　　就業と対人関係

04　若者を上手に支援する ——————————— 34
　　　基本スキルのチェック

05　こころのつぶやき ————————————— 45
　　　とっさに浮かぶ考え

06　思い、伝えよう！ ————————————— 51
　　　言いたいことをうまく伝える

パートII いろいろな場面──学生や新入社員へのアドバイス

01 挨拶は基本行動 ──────── 62
挨拶をしよう

02 聞く耳をもつ、ということ ──────── 67
相手の話の聴き方

03 上手に「質問」できていますか？ ──────── 76
質問の仕方

04 「賛成！」は丁寧に、はっきりと ──────── 83
同意の仕方

05 意見が合わなくても恐くない ──────── 93
意見が違うときのやりとり

06 なるほど、そうきましたか ──────── 103
自分の意見を否定されたときの受け答え

07 相談しよう！ そうしよう！ ──────── 113
困ったときの相談の仕方

08 ミスしちゃった！ さあどうする？ ──────── 124
ミスをしたときの謝り方

09 根回し、超大事 ──────── 134
会議を成功させるコツ

10 私の伝えたいこと ———————————— 141
提案の仕方

11 人生はスケジュール ———————————— 152
スケジュール管理のやり方

12 社会人メールABC ———————————— 162
メールでのやりとり

13 「電話」でイメージアップ ———————————— 179
電話の受け方・かけ方

パートⅢ 実践

01 採用面接とお見合いの関係 ———————————— 196
採用面接の注意点

02 社会人としての言葉遣い ———————————— 203
練習すれば恐くない

パートⅣ　支援者へのアドバイス

01　就職支援スタッフの皆様へ ————————— 214

02　カウンセラーの皆様へ ————————————— 220

03　ご家族の方へ ————————————————— 228

おわりに ————————————————————— 235

パート I

対人関係の基本

01 聞く！話す！
小グループでの話し合い

社会に出ると、いろいろな人とかかわりをもっていくことになります。どのような仕事にせよ、1人で完結することはありません。同僚・先輩など、なじみのある付き合い方でよい場合もありますし、上司・取引先などには、少し気を遣う必要が出てくるでしょう。人と接する姿勢は、相手により変化するものではありませんが、付き合う幅が広がると様々な対応が求められます。

この本では、就職活動中、あるいは就職してから遭遇しそうないろいろな場面を想定し、どのような対応をしていくとよいか、検討していきます。その際、少人数での話し合いやロールプレイ（注：場面を想定して複数の人が役を演じ、適切な対応を学ぶ方法）などのグループで学び合うことを推奨しています。1人で学ぶよりも、グループで仲間と話し合うことで、お互いに気づくことも多いと思います。

▶▶ グループワークとは

グループワークという言葉から、皆さんはどのようなことを思い浮かべるでしょうか。

講義でのイメージから、グループワークというと、面倒くさいものという思いが強いかもしれませんね。最初に役割分担して、個別作業で仕上げたものを最後につなげて終わり、ということもあるでしょう。あるいは、

集まろうにもなかなか全員の都合が合わずに苦労したり、分担を決めても、期限を守らない人がいて予定通りに進まなかったり、出来上がったものがばらばらで1人でとりまとめることになったり、といった苦労した経験を持っている人も多いかもしれません。中には、楽しいグループで、でき上がりも上々だったというようなよい思い出を持っている人もいるとは思います。

　グループワーク、あるいはグループ（集団）で行う活動には多様なものがあります。何らかの集まりにおけるミーティングもグループですし、部活やサークルなどのように、合唱やスポーツ、手芸等の活動を一緒に行うグループもあります。グループワークには、これらの活動を通じて仲間をつくったり、何かを創り上げたりする、という目的があります。これを公式の課題、第1の課題とします。

　一方、これらの目的の他に、グループ活動では、見えない動きが生じます。皆さんも、人間関係がうまくいかないからつまらなくなってやめた、なんとなく参加したら気の合う人たちだったので楽しくなった、などの経験をしたことがあるでしょう。これらは、表向きには目的ではありませんが、グループとしての実際の活動に大きく影響しています。こういった、グループ内の関係性、これを背景的課題、第2の課題とします。この第2の課題は、実は公式のグループ活動に大きく影響しています。もっと言えば、第2の課題がうまくいっていることが第1の課題達成の条件ともいえるでしょう。

　社会人として活動していく上でも、第2の課題が本質的なことです。グループワークを通じて、このことを学んでいくことにしましょう。

≫ グループワークから学ぶこと

　この本では、「グループワークとは」で述べたグループ活動の特性を活かして自己理解を深めることやスキルを身につけることを目指します。

私たちは誰でも、家族といるとき、学校の仲間といるとき、あるいは別の仲間といるときでは少しずつ別の顔をもっています。グループワークの中で、そのいろいろな顔が見え隠れすることがあります。つまり、自分のいろいろな人間関係の持ち方が、様々なグループワークをしているうちに見えてくるのです。メンバーからのフィードバックを通して、自分では気づかなかった面に気づかされることもあります。いろいろな自分を発見することになるでしょう。また、もっとこうなりたいということを実際に試してみることも可能です。

ロールプレイをグループの中で行ってみると、いろいろな気づきが得られるでしょう。ロールプレイでは、実践的な練習をします。他のメンバーから率直なフィードバックをもらうことができたり、体験することから気づくことがあったり、他の人のロールプレイを見ていて気づいたりすることもあるでしょう。それらの体験が、実際の場面では大いに役に立つと思われます。（ただし、苦手な場面での練習で、過去のいやな気持ちを思い出してつらくなってしまうことも、まれにあります。）

≫ グループの落とし穴

グループには落とし穴もあります。人は、集団になったとたんに大胆になり、1人では決してしないようなこともできてしまうことがあります。また、冷静に1人で考えれば間違っていると思っても、言い出せずに多勢にしたがってしまう、ということも起こりえます。集団でのいじめなどはその典型でしょう。

もう1つは、つい人任せになってしまうことです。誰かがやってくれるだろうとグループワークに積極的に取り組まなかったり、傍観してしまったり、ということがあると、グループワークの体験ができなくなってしまいます。

これらのことが起こると、グループメンバー全員の学びに影響すること

になります。ですから、できるだけ積極的に取り組むつもりで参加してください。

ファシリテーター（進行役）の役目

　グループワークのためにファシリテーター（進行役）を置く場合、その役割について少しふれてみたいと思います。

　グループは各々のメンバーに対してどのように機能しているのでしょうか。また、そのメカニズムはどのようなものなのでしょうか。ファシリテーター（進行役）は、グループに働きかけていく際にそれらのことを理解しておく必要があるでしょう。

　これに関する研究は数多くありますので、この本のグループワークに関係することをいくつか挙げてみます。

　まず、グループは参加メンバーに対して希望をもたらすと考えられます。他のメンバーが成功している様子を見て自分もできるかもしれない、と期待を持つことができるのです。また、悩んでいるのは自分だけではないということを実感でき、気が楽になります。グループの中でメンバーが話し合うことを通して、いろいろな情報や知識をお互いに得ることができます。メンバー同士の情報は、説得力のある情報としてインプットされます。

　また、グループの中で自分の経験を語ることや人の話を聞くことを通して、他のメンバーを支援できると感じ、これが自己肯定感につながります。また、互いにロールプレイなどを用いて社会的技術の向上を図ることができますし、フィードバックを通じて高め合うこともできます。自分が意識的・無意識的に好感をもっている他のメンバーの行動を観察し、模倣することもあります。

　さらに、語り合うことで自身の経験についての感情を解放することができます。グループのまとまり、つまり一体感を感じ取れるようなグループでは、相互の影響力も当然強くなり、コミュニケーションも活発になりま

す。ただ、逆に、マインドコントロール（他人の意識や感情を自分の意のままに操ること）などが起こり得る状態になることもあります。グループメンバー同士、フィードバックを通じて自分の対人関係についての気づきを得ることができ、自分の行動や感情や考え方などについて、その根底にあるものを理解できることがあります。

ファシリテーター（進行役）は、上記のようなグループの利点を踏まえつつ、必要なときには適宜介入します。

グループワークを開始するにあたりまず必要なことは、参加メンバーの不安を少しでも和らげることです。人は、新しい集団に入るときには不安になります。ですから、見知らぬ人の集まりに行くときには、誰か知った人がいないかな、とか共通の友人がいないかな、とか何かしらの共通点をみつけようとします。グループワークでも、個人ワーク、次に隣同士などのペアでワークを行うなど、徐々に場に慣れてもらうことが大切です。ペアワークでは、例えば共通点を探すなど、不安を解くようなワークを行い、グループへと輪を広げるような設定にします。

また、グループワークの場でのルール（決まり）について、参加者全員が合意していることが大切です。ルールはグループワークによっても異なりますが、次のことについては共通してルールに組み入れてよいでしょう。

- 時間通りに開始すること。終了すること。
  1回のみのグループワークでも、予定の時間通りに始めること、グループの中での時間管理は大切です。
- グループで起きたこと、話された内容は、外に持ち出さない。
  これは非常に大切です。普段の生活の場に持ち出さないと約束することで、グループワークの場で安心して話すことができるようになります。普段の人間関係に関することなどについて外に持ち出される危険があれば、グループワークの中で、到底話せなくなります。
- ストレスや抵抗感があれば、相談に応じる。
  グループワークだからと言って、何でも語り合わなければならない、

ということはありません。話したくないことは話さなくてよいということを保証して、無理強いされない場、安心できる場をつくることも重要です。

就職活動の振り返り

　内定先決定後にグループで就活について振り返ることをおすすめします。内定先は必ずしも第一希望ではないかもしれませんが、就職活動を通して学生は自分自身と向き合います。たとえ不本意な就職になったとしても、グループで振り返りを行う中から、今後の社会人としての人生に意識づけができてくるでしょう。グループの力を借りて、大切な一歩を踏み出すことを後押ししたいものです。

● 参考文献
　Yalom, I.D., Vinogradov, S.（1989）Concise Guide to Group Psychotherapy. Amer Psychiatric Pub Inc.（川室優訳（1997）新装版 グループサイコセラピー――ヤーロムの集団精神療法の手引き．金剛出版．）

02 若者のいう「つきあい」って？
今の若者と対人関係

≫ 対人関係の悩み

　学校で生徒たちは、一見みんな仲良く、友達と色々な会話をしているように見えます。しかし、授業でグループ活動をしてみると、生徒から「友達の考えを聞いたことがない」という発言があり、とても驚いてしまいます。大学生の相談でも、「友人の輪に入っていけない」「人間関係が苦手」「ゼミの友人と話ができない」など、対人関係に関する悩みが多く聞かれます。

≫ 情報量が拡大した時代背景

　携帯電話、インターネットやスマートフォンの普及は、私たちのコミュニケーションのスタイルを大きく変えました。2009年にツイッター、2010年にスマートフォン、2011年にFacebook、2012年にLINEが登場し、瞬く間に広まりました。これらのサービスの登場により、人々のコミュニケーションスタイルは、従来の直接の会話から、文字ベースのコミュニケーションへと変化しました。相手と会わなくても気軽に連絡やコミュニケーションが取れ、不特定多数へも簡単にメッセージを発信できるようになりました。
　私たちは何故SNS（Social Network Service）を利用するのでしょうか。第1に考えられる理由は、「手軽さ」です。直接会話をするためには相手に

会わなければなりませんし、電話で話すにもお互いのタイミングをあわせなければなりません。SNSのコミュニケーションはお互い都合がよいときに送り、読めばよいのでとても手軽です。同じ文字ベースのコミュニケーションといっても、手紙とSNSでは、かかる手間は比較になりません。SNSによって、手間をかけずにコミュニケーションをやりとりすることが可能になったのです。

　第2に「気安さ」が挙げられます。直接対話をするときには、表情などから相手の反応を理解し、それによって自分の話を変えなければなりません。電話で、声の様子や話し方から相手の気持ちを推し量るのはもっと難しいでしょう。SNSでは、コミュニケーションの1つ1つは、一方向の送信ですから目の前の相手の感情への気遣いや気兼ねがさしあたり必要ありません。気安く、コミュニケーションを送ることができます。

　第3に、「自己主張の容易さ」が挙げられます。直接相手と話をしているときは、気後れして自分の考えを伝えられない人でも、SNSという間接的なコミュニケーションの場では、自分の考えを言いやすいのです。この現象は、特に不特定の相手を対象とするSNSに特徴的です。不特定多数の相手に演説できる人はめったにいませんが、SNSで不特定の相手にメッセージを流している人は、たくさんいます。

≫ 「表面的な思いやり」が生む悪循環

　日本の若者は、「共感性」が他の国よりも低いという研究があります（中里・松井、1997）。確かに昔と比較して共感性や思いやりが低下し、友人関係が希薄になっているように思われます。最近の若者たちは、相手の気持ちに踏み込まないで円滑な関係を保とうとしています。葛藤に触れないことを優しさと考え、相手の気持ちを傷つけない、感情を揺さぶらないために、何もしないことこそが思いやりであるという考え方すら存在します（満野・三浦、2010）。例えば、「学校を辞めたい」といった友人Aに対し

て、友人Bが「Aさんが決めたなら辞めたら良いと思う」とあっさりと同調してしまうのです。こういう場面で、「一緒に卒業しよう」「Aさんが学校を辞めたら悲しい」などという言葉や感情を伝えない若者がいます。理由を聞くと、「友人の意見を尊重している」と言います。「Aさんは、今どんな気持ちで学校を辞めたいと言っているのか」「自分とどんな話がしたくて、気持ちを打ち明けてくれたのか」などと相手の気持ちを予測するのが難しいのかもしれません。さらに、「相手の人生に関わるような重要なことを相談されてもどう答えたら良いのか分からない」とスキル不足から関わりを回避する行動を取る傾向があるように見受けられます。

　表面的には思いやりを持って行動しているつもりでも、コミュニケーションを深めるスキル不足のために相互理解を深められず、結果的に相手との意味のある関わりを回避するという悪循環が若者の間に生まれているのではないでしょうか。では、何故このような若者が増えてきているのでしょうか。

≫ 競い合わないことが大事な若者文化

　「ゆとり教育」世代の若者たちに、どういう特徴があるのか考えてみましょう。「ゆとり教育」の登場によって、成績評価が相対評価から絶対評価に変わりました。このことが、子どもたちの人格形成に影響していると考えられます。「5」をもらえる人の人数が決まっていた相対評価から、みんなが等しく「5」を与えられるという「絶対評価」になり、競い合う必要性が減ったのです。同級生はライバルではなくなったのです。

　ライバルでなくなった同級生と協調できれば、「仲間」としての関係が育まれます。もし、「仲間」としての関係をもつことができなければ、単に、他人に無関心で、「自分がやりたいようにやればよい」という自閉的な傾向が助長されてしまいます。

　本来、絶対評価は、「自分の能力を伸ばし、自分らしさを実現するために

努力する」というモチベーションを励ますために行われるものです。「自分がなりたい夢」について、生徒に語らせ、「その夢を実現するためには、どんな努力が役立ちそうか」という動機づけが行われないと、絶対評価に上で述べたような副作用がありえます。

　競い合わない傾向には、「競い合わなくてもそこそこ生きていける」現在の日本の豊かさも背景にあります。最近の若者には、「競い合って管理職になっても、苦労が増えるばかりだから、昇進したくない──夫婦2人で働いてそこそこ暮らしていければよい」という傾向もみられるようです。

≫ SNSによるコミュニケーションの問題点

　「表面的な思いやり」「競い合わない文化」をもった若者に、SNSは、手軽に多量のコミュニケーションをやりとりする手段を提供しています。その問題点は何でしょうか？

　第1に、コミュニケーションの質の低下が挙げられます。昔の手紙の中には、心情を切々と訴える名文が見られました。現在のSNSでこういった名文をみることはないでしょう。文章よりはスタンプや絵文字に頼り、文章を書く場合でもよく使われる表現がすぐに候補として示されます。自分の考えや感情を、もっともよく表現してくれる言葉を練りに練って選ぶなどということは、現在ほとんど行われていないでしょう。

　第2に、自分で考える時間の喪失が挙げられます。コミュニケーションが手軽であるために、昨今の若者は、スマートフォンなどで人と常時つながることができます。このために、対人接触しているのか、していないのか、という切り替えができなくなってしまいます。常時誰かと接触しているということは、1人で、自分の考えを深める時間がないということです。自分の考えをもっていない人に、「その人らしさ」は生まれません。SNSの発達によって、若者が個性を獲得する機会が奪われている可能性があります。

　第3にSNSでつながっている集団からのプレッシャーの問題があります。

今述べたように、「常時誰かと接触している」ことが当然と受け取られると、そういった人間関係を失うことは、社会的な孤独や疎外を意味します。SNSでつながっている集団で、他人にどう見られているのかを気にし過ぎ、他人にすぐに同調しようとする若者は少なくありません。

このような対人関係を象徴する言葉があります。例えば、「KY」「コミュ障」「ぼっち」です。「KY」とは「空気が読めない」の略です。その場の状況や雰囲気を読めない人を指します。また、「コミュ障」とは「コミュニケーション障害」の略です。「ぼっち」とは、「1人ぼっち」の略で、1人で、孤立している人を指します。どれもネガティブな意味で使われます。その場の雰囲気にあわせることができないと、コミュニケーションできないと決めつけられ、社会的に孤立してしまうのです。他の人と違う考えを述べるだけでも、「KY」と言われてしまうかもしれないので、今の若者には、自分独自の考えを表現することが、大きなストレスになっている可能性もあります。

第4に、コミュニケーションの対象が、複数であることが挙げられます。一度に多数の人に自分のメッセージを伝えることができることは長所ですが、コミュニケーションの質という意味では問題点があります。人の考え方は、細かいところでは違いがあるのが当然で、その違いについて話し合い、お互いの考え方を広げていくことが大切です。しかし、直接会って幾度も意見を交換することなしに、お互いの考え方を広げることはできません。SNSは議論する場としては不向きで、SNSで意見の違いが表面化すると、個人攻撃が炎上したり、陰湿な誹謗中傷が行われたりします。これらは、「手軽に」「気安く」「自己主張」できることの副作用でしょう。

今の若者は、簡単な内容のメッセージを大量にやりとりしながら、何が自分の考え方で何が他の人の考えなのかについて分析する時間もなく、ただただ「集団」「仲間」につながっていたいと願い、一見多くのメッセージをやりとりしているように見えながら、実は自分の考え方を広げる機会は持てないでいるのではないでしょうか？

こういった現象は、いじめとインターネット依存の問題の背景になって

いるように思われます。

いじめとインターネット依存の問題

　いじめは、大人の社会にもありますが、若者の間でより深刻化していると思われます。現在、いじめの必需品になっているのが携帯電話やパソコンです。

　総務省（2017）が行った「平成28年通信利用動向調査の結果」調査によると、インターネットの利用者は、人口全体で83.5％であるとされています。13歳〜19歳のスマートフォンの利用率は79.5％、パソコンは61.7％、20歳〜29歳では、スマートフォンの利用率は92.4％、パソコンは78.9％で、多くの若者がスマートフォンやパソコンを利用しています。そして、スマートフォンやパソコンの中でいじめは繰り広げられます。例えば、LINEでは、即レス（すぐに返事をすること）をしないとグループから仲間外れにされたり、知らないグループで自分の悪口が書かれていたりします。また、ツイッターなどで個人情報を書き込んで誹謗中傷をするなど倫理的な問題が問われるもの、さらには犯罪に当たるものまで見られます。

　そうすると、若者たちは、楽しむために使うというより、仲間外れにされはしないかという恐怖心からスマートフォンやパソコンを手放せなくなります。つまり、質が低い大量のコミュニケーションが、表面的な協調を中心とする対人関係を生み出し、この関係からはみ出るといじめられるという恐怖が、若者のインターネット依存の背景となっている可能性があります。

　小学生から25歳の社会人までを対象にした総務省の「青少年のインターネット利用と依存傾向に関する調査」（2013）によると、「自分はネット依存だと思う」と回答した人は28.0％でした。インターネット依存の傾向は高校生が60％と最も高いと報告されています。さらに、ネットを利用するために犠牲にしている時間があると答えたのは57.2％と過半数を占め、睡

眠時間（37.1％）と勉強の時間（31.9％）がしばしば犠牲にされています。睡眠時間や勉強時間を削ってでも、自分が仲間から外されないようにインターネットを通した情報のやりとりにしがみついているのが、今の若者の対人関係ではないかと思います。

>> 承認を求めて

　E．H．エリクソンは、青年期の発達課題として「アイディンティティの確立」を挙げています。つまり、青年期は「自分とは何者なのか」を考える時期とされています。現代の若者たちは、「自分は何者か」「自分の存在価値は何か」という問いかけを、SNS上で不特定多数の人に呼びかけて、答えを探しているように見受けられます。つまり、SNS上に写真やコメントをアップして、「いいね」を押してもらうことで自らの存在や価値を確かめているのです。「いいね」を押してもらえると承認欲求が満たされて、一瞬の安心感が得られます。

　「承認」という人間にとって大切な感覚は、本来なら、直接の対話を重ねて得られるはずのものです。それが、SNSでは、手軽に手に入るように錯覚されます。実際に会ったことがない多数の相手からも承認を得ることができるので、そこに自分の存在価値を見いだそうとするのです。

　しかし、こういった、SNSを通した、直接的でない人間関係に自分の存在価値を見いだそうとすることが、若者の健全な人格形成につながるとは考えられません。皆さんは、高校生や大学生などの若者が本当に求めているものは何だと思いますか。意外なことに臨床の現場でよく聞くのは、「親友が欲しい」という声です。自分を分かってくれる存在、どんなことでも話し合える存在を必要とし、親密な関係を求めています。もしかしたら、多量のコミュニケーションの中で、他者との関係がかえって希薄になっている現代において、以前にも増して親密な関係を望んでいる若者が多いのかもしれません。

「親友が欲しい」「人と仲良くなりたい」という若者の想いは、とても自然で、健全なものと考えられます。SNSによる多量なコミュニケーションが氾濫している現代であればこそ、このような若者の想いを大切にする働きかけが重要です。今、支援者には、若者たちの声に耳を傾け、コミュニケーションの方法や人との関わり方を丁寧に教え、若者が直接の対人関係も楽しめるように支えることが求められています。

若者が「意見の違いを統合する」スキルを身につければ、友達とお互いの個性を尊重しあった質の高い「協調性」を持つことができますが、「意見の違いを統合する」スキルがなければ、表面的に同調する以外には、対人関係をもつすべがなくなってしまいます。

このテキストは、学生の声に応え、学生が必要としているスキルへの支援につながる一助になればという願いから作成されています。これからテキストを読み進めていただき、できるところから少しずつ実践してみてください。

●参考文献
総務省（2013）青少年のインターネット利用と依存傾向に関する調査.
総務省（2017）平成28年通信利用動向調査の結果.
満野史子・三浦香苗（2010）大学生の思いやり行動躊躇と対人関係性の関連. 昭和女子大学生活心理研究所紀要、1-12.
中里至正・松井洋（1997）異質な日本の若者たち：世界の中高生の思いやり意識. ブレーン出版.
斎藤環（2013）承認をめぐる病. 日本評論社.

03 しがらみを味方にする
就業と対人関係

社会生活のあらゆる場面において対人関係が重要であることは言うまでもありませんが、とりわけ職業に就くと、良好な対人関係が築けないと、業務に支障をきたしたり、業務がうまく進まないストレスから健康を害することがあります。

この章では、就業する上で対人関係がどう大切なのかについて、考えてみたいと思います。

≫ 世の中の実情

企業が新卒採用選考時に重視する要素は16年連続で「コミュニケーション能力」がトップです。

労働者の仕事や職業生活に関する強い不安、悩み、ストレスの内容別の第一位は常に職場の人間関係の問題です。

≫ 実際に職場で起きていること

世間的に一流と言われる大学や大学院を卒業した若者が、企業に就職後すぐに強いストレスに悩んだりメンタル不調に陥るケースは、少なくありません。

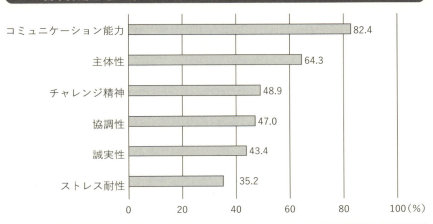

新卒採用選考に当たって特に重視した点（20項目から5つ選択）

- コミュニケーション能力 82.4
- 主体性 64.3
- チャレンジ精神 48.9
- 協調性 47.0
- 誠実性 43.4
- ストレス耐性 35.2

16年連続で「コミュニケーション能力」がトップ

（一般社団法人 日本経済団体連合会調査（2018年11月）597社）

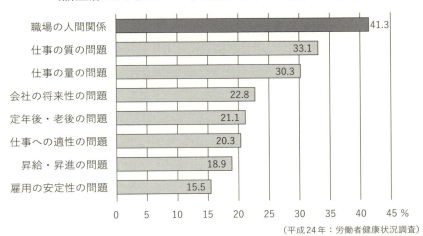

勤労者の心の健康の実態

職業生活におけるストレス等の原因のトップは職場の人間関係

- 職場の人間関係 41.3
- 仕事の質の問題 33.1
- 仕事の量の問題 30.3
- 会社の将来性の問題 22.8
- 定年後・老後の問題 21.1
- 仕事への適性の問題 20.3
- 昇給・昇進の問題 18.9
- 雇用の安定性の問題 15.5

（平成24年：労働者健康状況調査）

ここでは、実際に若者や職場が困っている事例をいくつか紹介したいと思います。

事例❶

A君は国立大学の理工系学部を卒業してある企業の品質保証部門に配属されました。

ところが入社した年の夏から業務に必要な研修の一環として、クルマの運転訓練が始まり、元々ペーパードライバーだったA君はクルマの運転によるストレスが原因で体調不良を来しました。

そのことを上司に相談することができず、不安を紛らわすために、お酒を飲む量が増えています。

事例❷

B君は一流私大の文科系学部を卒業してある企業の管理部門に配属されました。

ところが入社2年目の冬、職場から人事に「言われたことしかできない、平気で遅刻をする、本人のミスをカバーしている先輩へのお詫びや感謝の気持ちが感じられない等々の繰り返しで、職場の我慢が限界にきている」との訴えがありました。

事例❸

C君は一流私大の理工系学部を卒業してある企業の開発部門に配属されました。

入社3年目の冬、C君の上司から社内カウンセラーに「コミュニケーションが上手く取れない部下がいるが、どうしたら良いか?」との相談がありました。

カウンセラーが本人と面談したところ、「『こんなことを言ったら他人からどう思われるだろう』と考えてしまい、人前で話すことができない」とのことでした。

職場ではこのような事例がたくさん起きており、本人も悩んでいますし、周囲も対応に苦慮しています。

　上記の3事例のような状況を防ぐためには、自分の状況、気持ちや考えを伝えるための、相手を傷つけることなく自分の気持ちや考え方を伝えて理解してもらう能力を、社会に出る前に身につけておいた方がよいのです。

≫ 背景

■ 若者のコミュニケーション能力の低下

　企業が新卒採用でコミュニケーション能力を最も重視するのは、若者のコミュニケーション能力が不足していると感じていることの裏返しだと思います。

　実際、一流大学卒でありながら、全くコミュニケーションが取れなくて困っていると上司が相談に来るケースはよく見られます。「なぜ、人事がこの人を採用したのかが分からない」と真顔で不思議がられる、笑い話のような相談もあります。

　もしかしたら、優秀な彼らは就活のために面接試験対策のノウハウをしっかり身につけ、人事がまんまとその術中にはまってしまったのかもしれませんね。確かに、人事の採用担当者から「そういう人を見抜くことはできますか？　そういうツールがあれば紹介して欲しい」と相談されることもあります。

　携帯電話などの普及により、昔に比べて直接の対人コミュニケーションの機会が減っていることもコミュニケーション能力低下の要因の1つではないかと思います。

　今の学生の多くは、年齢や立場が違う人とコミュニケーションする機会が少ないのではないでしょうか？　社会に出れば、毎日がそのような場面の連続であり、多くの若者にとって、学生時代と就職後のコミュニケーション環境のギャップは大きいと思われます。

コミュニケーションツールの変遷

	1950年代	1960年代	1970年代	1980年代	1990年代	2000年代	現在
時代背景	電話機のある一般家庭は少数派	一般家庭の多くに電話機が置かれる	キャッチホンやファックス等、多機能化が進む	コードレス電話（親子電話）が販売される	80年代に発売された携帯電話が急速に普及する	携帯端末とも呼ばれるスマホの誕生	大学生のスマホ普及率が、98％になる（2014年）
コミュニケーションへの影響	対面以外のコミュニケーションツールは手紙の時代	異性の友達に電話するには相当の覚悟が必要だった	メールのないこの頃のコミュニケーション方法は対面・電話・手紙のいずれかだった	子機を自室に持ち込み、こっそり電話で話すことも可能になった	携帯メールを使ったコミュニケーションが一般的になると共にその弊害も顕在化	友人とのコミュニケーションにラインが多用される	コミュニケーションをとる対象および方法が限定され、コミュニケーション能力の低下が指摘される

❷ 人は感情の生き物であるということ

　仕事は冷静に進めたいものですが、実際には感情がものごとを左右する場合も多々あります。

　同じことを言われても、好感を持っている人の言葉は素直に聞けるけれども、好感が持てない相手から言われると、最初から否定的に受け止めてしまうという経験は、誰にでもあるでしょう。

　しかし、相手への悪感情に振り回されているようでは、仕事を進める上で大きな障害になります。相手と意見が違うときに、意見を交換し、考え方をすりあわせていけるようなスキルを、学生が身につけることが大切です。

❸ コミュニケーションが上手くいけば仕事も上手くいく

　就職後の人間関係は、学生時代に比べるとかなり複雑です。学生時代は同世代の気のおけない仲間との付き合いが多くを占めていたのに対し、就職後は年齢、職位、所属組織が異なる人との人間関係がほとんどを占めます。

　職場で上手にコミュニケーションを図り、相互の信頼関係を築くことができれば良い仕事にもつながります。また、周囲の人と信頼関係が築ければ、お互いに助け合ったり学び合ったりすることで、1人では乗り越えられない壁も乗り越えることができます。逆に人間関係がストレスになると、心身の健康に支障を来す恐れがあります。

≫ 職場の人間関係は複雑

①直属の上司との関係は、職場で最も大きな影響を持ちます。上司と良い関係をつくるためには本人の意識と努力が必要です。報連相（報告・連絡・相談）を欠かさない、上司の話をしっかり聴き、上司の指示の意図を理解する、自分の状況、気持ちや考えを上司に伝えることが重要です。

②他部署の上司とは直接の指示命令系統下にはありませんが、客観的に自分の状況を見てくれていて、いざというときに助け船を出してもらえることもあります。誰かが自分のことを見てくれていると思いながら働くことは、励みにもなります。

③同僚は、チームとして一緒に仕事をする仲間ですが、考え方や価値観が合わないと大きなストレスになります。同僚が持っている良い面を探して認めると同時に、考え方などの相違については、仕事上の付き合いであると割り切ることが、大切な場合もあります。

④部下を持つ立場になったとき、部下が大きなストレス要因になることも珍しくありません。素直に指示に従わない部下とも、十分に対話して相互理解を深めると、大きな戦力に変わることもあります。

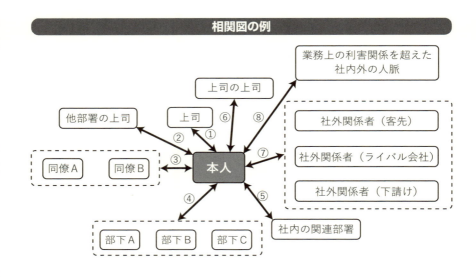

⑤社内の関連部署との関係には、協力し合って会社としての成果を上げなければならない側面と、自部署を守るために戦わなければならない側面という二面性があります。原則的には本来の共通目標である会社の利益を守るためにお互いの立場を尊重しながら協力を進めていくことが必要です。

⑥上司とのコミュニケーションがどうしてもうまくいかない場合は、上司の上司に相談することができます。率直に、上司との困難について説明し、上司の上司の指示を仰ぐことが大切です。

⑦他社の人との人間関係は、普通は、会社と会社の関係を前提としています。ときには、お互いの組織の関係を超えて、社外の人と信頼関係を築けることがあります。こういった人間関係は、会社の利益や方針にとらわれない、幅広い見方を知る機会になります。

⑧利害関係を超えて信頼し合える友人。学生時代からの親友、地域の活動やボランティア活動で知り合った友人など、利害関係を越えた人間関係があると、仕事を越えた、豊かな人生を歩む上で大きな財産になります。

よい対人関係を築くには？

1 自分の周りにバリアを張らない

「あの人は何を考えているのか分からない。いつも怖い顔をしていて声を掛けにくい」と思われていると、周囲との関係性は深まりません。人見知りで自分から他人に声を掛けるのは苦手という人も多いと思いますが、まずは普段からなるべく笑顔でいることを心掛けるだけでも、他人から声を掛けてもらえる機会は増えます。声を掛けられたら、積極的にコミュニケーションを図ることが大切です。

2 相手に対して興味を持ち、相手の話を聴こう

人は、自分の話を聴いてくれる人に対しては、信頼できる人と感じて心を開いてくれるものです。また、相手の話に興味を示して丁寧に聴くことは、相手からより多くの情報を得ることにつながります。人間関係構築の第一歩かつ最も効果的な行動は、積極的に相手の話を聴くことです。

3 相手の良いところを見つけ、好きになろう

人には誰にでも必ず長所と短所があり、長所と短所は表裏一体です。相手の言動の気になることにばかり目を向けると相手に好意を持つことは難しいですが、気になることの裏に隠れている良いところに目を向けると、相手に対する見方が変わります。

4 お互いの信頼関係を築こう

相手との信頼関係を築くコツは、笑顔とともにポジティブな声掛けをするよう心がけることです。明るい挨拶、感謝やねぎらいの言葉、アイ・メッセージ（自分を主語にした「私はこう思う」という言い方）など、相手の存在を認め、相手のことを大切に思っているというメッセージが伝わるような対人関係が大切です。

パートⅠ 対人関係の基本	
パートⅡ いろいろな場面	
パートⅢ 実践	
パートⅣ 支援者へのアドバイス	

04 若者を上手に支援する
基本スキルのチェック

　大学生が有意義な学生生活を送るために、就職活動を勝ち抜くために、そして卒業後に職場で元気に働き続けるために、コミュニケーションスキル（他人と上手に意思疎通するための技術）は重要です。

　それでは、コミュニケーションスキルに課題を抱えた大学生のスキルを伸ばしていくためには、どのように関わっていけば良いのでしょうか？

　この章では、コミュニケーションに課題を抱えた学生への関わり方の基本について、また1人1人のコミュニケーションスキルの課題や強みを知り、効果的な関わりの計画をたてるための方法について述べていきます。

≫≫ コミュニケーションスキルに課題を抱えた大学生との基本的な関わり方

　自分の課題と向き合い、これまでのやり方を変え、新しいスキルを身につけることは、誰にとっても簡単なことではありません。学生に、自分と向き合い、助言やヒントに耳を傾けてもらうためには、学生と信頼関係を築くことが何よりも大切です。

　コミュニケーションスキルに課題を抱える大学生は、対人関係で傷ついたり、うまくいかなかったりする体験をしていることが少なくありません。そのために対人関係に対して引っ込み思案になっていたり、ちょっとしたことで傷ついて関係を断ち切ってしまったりすることもよくあります。

学生を支援するための信頼関係を築くためには、**1** 学生に共感する、**2** 問題ばかりではなく良い面にも注目する、ことが大切です。それぞれについて解説しましょう。

1 学生に共感しましょう

　信頼関係を築くためには、学生が感じていることや困っていることをじっくり聴くことが大切です。話を聴く際には、学生の話を事実として受け止めるだけではなく、学生がどのような気持ちでいるのかを理解し、気持ちを受けとめ、寄り添うこと、共感することが大切です。

　学生の話を事実として「聞いた」としても、学生が「自分が言いたいこと、感じていることを理解してくれなかった」と感じてしまっては、信頼関係を築くことはできません。共感してもらえたと感じて、はじめて相手を信頼し、相手のアドバイスに耳を傾けようとすることができるのです。

　聴き手が「共感していること」を話し手に伝えるためには、以下のポイントが有用です。

- 学生の話を聴く中で「それは違うのではないか」と思う点があったとしても、まずは話をさえぎったり、「それは違うんじゃないか」と否定する言葉を返したりはせず、「相手は何を言おうとしているのだろう」「なぜそのようなことを言うのだろう」「どんな気持ちなのだろう」を考えながら話を聴きましょう。
- 話が一段落したところで、「なるほど。こういうことがあって、こういう気持ちなのですね」と自分が理解した話の流れ、相手の気持ちについて、まとめて伝えてみましょう。学生から「そうなんです」という言葉が返ってくれば、こちらが気持ちを受けとめたことが、学生にも伝わっているでしょう。
- 「いえ、そうではなくて……」という返事が返ってきたときには、さらに相手の話を聴き、より相手の体験や感情に近づけるようにしましょう。

❷「苦手なこと」だけではなく、「良いところ」にも注目しましょう

　困難に出会うと、人は自分の良いところを忘れがちになります。学生の良いところを指摘することによって、学生に希望を与え、「自分の困難を解決するのを助けてくれそうだ」と意欲をもってもらえます。

　「あなたはこういうところが問題ですね」「あなたはここを改善する必要がありますね」とネガティブな側面への指摘ばかりでは、学生は自信を失い、あなたとの関係から遠ざかってしまうでしょう。「この人に会うと傷つけられる」と思って、もう相談に来ないかもしれません。

　「課題」や「苦手なこと」だけではなく、学生の「良いところ」を見つけて、「あなたはこういうところがとても良いですね。やってきた努力の中で、この部分は成功しているのですね」「それに別な工夫を加えると、あなたの努力がさらにいい結果につながる可能性があると思います」などと、学生を励まし、希望を持ってもらえるように関わりましょう。

➤➤ 学生の「苦手なこと」と「良いところ」をチェックしましょう

　1人1人の「苦手なこと」と「良いところ」を知るには、章末の「基本スキルチェックシート」を利用し、相談者に記入してもらい、それをもとに面接をすすめていくことが効果的です。

　まず、各スキルについての自信を確認します。この時点で「自信がない」と回答する学生には、どんな点で自信がないのか、どんな課題があるのかを尋ねます。「自信がある」と回答したときには、自信を持っていること自体について、ポジティブにフィードバックしましょう。

　「心がけていること」の記入内容からは、本人の強みや、すでに行っている工夫を知ることができます。苦手なことや課題だけではなく、良いところや強みを言葉にして整理することが大切です。「こんな問題はありませんか？」では、よくある課題や問題をとりあげます。これまで自分では気づ

いていなかった課題や問題に気づくきっかけになるかもしれません。

面談の継続の仕方

　面談を継続し、効果をあげていく上でもっとも大切なことは、学生のモチベーションを高め、「自分は変われるのではないか」という希望を持ってもらうことです。そのためには以下のポイントが重要になります。

■ 夢や目標について話し合う

　コミュニケーションスキルを高めた先にある夢や目標について話し合うことは重要です。夢は「精神療法的な空想」です。「空想」することによって、現実の苦しさからいったん距離をおき、少し感情的に楽になります。この余裕を使って、つぎに「空想」を現実にするためのいろいろな可能性について話し合うのです。

　「将来、何をすることがあなたの夢ですか？」「対人関係の相手としてあなたが理想とするのは、どんな人ですか？」「その人とどんな風につきあってみたいですか？」「就職したら、どんな風に仕事をしてみたいですか？」などと質問をして、学生がポジティブなイメージを持ちながら、自分の課題に取り組めるように支援しましょう。

　コミュニケーションスキルと「なりたい自分になること」とのつながりが見えることにより、「何のためにスキルを身につけるのか」「スキルを身につけることでどんな良いことがあるのか」が明確になり、モチベーションがあがってくるのです。

■ ポジティブな言葉で伝える

　学生が、「面談にくると自信がなくなる」「自分の駄目なところを突きつけられる」と感じるようでは、「やっぱり自分はだめなのだ」とあきらめてしまい、面談を通して学生が変わることはないでしょう。

「駄目なところを直す」というマイナス思考から出発するのではなく、「より自分らしくいられる」「もっと自分の良いところを生かすことができる」「より満足できる自分になれる」といったプラスのイメージが持てるように、ポジティブな言葉を使っていくことが重要です。

3 今だからできること、今しかできないことを伝える

学生である今だからこそ、コミュニケーションスキルを高めることができるということを伝えましょう。社会人になれば、あるいは社会人になるための段階である就職活動の段階から、コミュニケーションスキルは「あって当然のこと」として要求されます。社会人になってから、では遅いのです。

また学生時代は、利害を伴わない友人をつくるのに最適な時期でもあります。コミュニケーションスキルを高めることで、より有意義な人間関係を築き、今をよりよく生きることができるかもしれません。「今やらなければ、もったいない」ということを伝えていきましょう。

［資料］基本スキルチェックシート

「こんな問題がありませんか？」については、例をつかってもよいし、適宜差し替えてもよい。

① 挨拶

1. 挨拶をすることに自信がありますか？
   ➡自信がある・どちらでもない・自信がない
2. 挨拶をするときに心がけていることはなんですか？

3. こんな問題はありませんか？ 例
   • 挨拶しようとすると緊張して声がでなかったり、相手の顔が見られなかったりする。
   • 挨拶をしたあとの相手の反応が気になる（無視されるのではないか、嫌な印象を与えるのではないか）
   • 「挨拶をしない」と指摘されたことがある。

② 相手の話を聴く

1. 相手の話を聞くことに自信がありますか？
   ➡自信がある・どちらでもない・自信がない
2. 相手の話を聞くときに心がけていることはなんですか？

3．こんな問題はありませんか？ 例
- 自分はちゃんと聴いているつもりなのに「あなたは人の話をちゃんときいていない」と指摘されたことがある。
- 会話をしていて、うまくかみ合わないと感じたことがある。
- 相手から言われたと思ったことについて、「私はそんなことは言っていません」といわれたことがある。
- 相手の話をさえぎって自分の話をしてしまうことがある。

③ 自分の言いたいことを伝える

1．言いたいことを伝えることに自信がありますか？
➡自信がある・どちらでもない・自信がない

2．自分の言いたいことを伝えるときに心がけていることはなんですか？

3．こんな問題はありませんか？ 例
- 言いたいのに言えなくてモヤモヤしたり、ストレスを感じたりすることがある。
- 強く言い過ぎてしまったり、余計なことを言ってしまったりしてあとで後悔することがある。
- しっかり伝えたつもりだったのに、相手が理解していなかったり、意図した内容と違うことが伝わっていたことがある。

④ 質問をする

1．必要時に質問することに自信がありますか？
➡自信がある・どちらでもない・自信がない

2．質問するときに心がけていることはなんですか？

3．こんな問題はありませんか？ 例
- わからないことがあるのに、質問するのをためらってしまい、あとで困ったことがある。
- 質問をしたけれどもうまく伝わらず、自分が聞きたいこととは違う内容を回答されたことがある。
- 質問をしたら相手に嫌な顔をされたと感じたことがある。

5　相手と意見が食い違ったときの対応
1．相手が自分と異なる意見を持っているとき、または自分の意見を否定されたときの対応に自信がありますか？
➡自信がある・どちらでもない・自信がない
2．相手と意見が食い違ったときの対応で心がけていることはなんですか？

3．こんな問題はありませんか？ 例
- 意見が違う相手と言い争いになってしまい、その後の人間関係が難しくなったことがある。
- 自分と意見が異なる人とはできるだけ話をしたくないと思っている。
- 相手の意見に同意できないにもかかわらず、表面的に合わせてしまって、あとで後悔することがある。

⑥ ミスをしたときの対処について

1．ミスをしたときの対応に自信はありますか？
　➡自信がある・どちらでもない・自信がない

2．ミスをしたときに心がけていることはなんですか？

3．こんな問題はありませんか？ 例
　• ミスをするのではないかと不安で、新しいことや困難なことに取り組めないことがある。
　• ミスをしたあと、周囲の人に叱られたり、失望されたりするのが怖くて、ミスを隠してしまったことがある。
　• 自分は絶対にミスはしないと思っている。

⑦ メールや手紙の書き方についてのマナー

1．メールや手紙のマナーに自信はありますか？
　➡自信がある・どちらでもない・自信がない

2．メールや手紙を書く上で心がけていることはなんですか？

3．こんな問題はありませんか？ 例
　• メールや手紙を書いたときに「失礼だ」と指摘されたことがある。
　• メールや手紙をどのように書いたらよいかわからないので、必要なメールや手紙を出さなかったことがある。
　• メールや手紙を書くのにいつもとても時間がかかる。

8 新しい提案をすることについて

1．組織のなかで新しい提案をすることに自信はありますか？
➡自信がある・どちらでもない・自信がない

2．新しい提案をする上で心がけていることはなんですか？

3．こんな問題はありませんか？ 例
- 話し合いをしているときに、「こうしたらよい」という考えをもっているにもかかわらず、なにも発言しなかったことがある。
- 良い提案をしたにもかかわらず、周囲に受け入れてもらえなかったことがある。

9 時間や締切を守ることについて

1．時間や締切を守ることに自信はありますか？
➡自信がある・どちらでもない・自信がない

2．時間や締切を守るうえで心がけていることはなんですか？

3．こんな問題はありませんか？ 例
- なぜかいつも数分遅れてしまう。
- レポートや提出物の期限を守ることができずに、単位を落としてしまったり、成績が下がったりしたことがある。
- 締切ギリギリまで取り組むことができず、毎回「もっと早くから取り組めばよかった」と後悔することが多い。

＊

最後に「人とのコミュニケーション」における「あなたの苦手なこと（課題）」と「あなたの良いところ（強み）」とを教えてください

① **苦手なこと（課題）**

② **良いところ（強み）**

05 こころのつぶやき
とっさに浮かぶ考え

　日々の生活の中では、様々な出来事が起こります。出来事には楽しいことや嬉しいこともありますが、ときには悲しいこと、腹が立つことも起こります。

　ところが、同じ出来事にあったとき、みんな同じ気持ちを持つかというと、そうとは限りません。

　ここでは、私たちの気持ちに影響する「こころのつぶやき」に焦点を当て、そのつぶやきをしなやかに変化させることで気分を落ち着かせて、より柔軟に出来事をとらえていくやり方をご紹介します。

　学生が今後体験する困った出来事に対して、1つの考えにしばられず、いろいろなこころのつぶやきができると、出来事にどのように対処していけばよいかが見えてくる可能性が拡がります。

　また、学生支援の中で本書に紹介されていることを使うときに、「自分はできそうにない」「やっても無駄だ」などと考えている学生に対しても、本章は役に立つかもしれません。

出来事と気分とこころのつぶやき

　日々の出来事の中で、落ち込んだり、腹が立ったり、悲しかったりしたとき、私たちのこころはとっさに何をつぶやいたりイメージしたりしているのでしょうか。

ここでは、日常的に起こる出来事を例にして、そのときの気分とこころのつぶやきの関係を見ていきたいと思います。

▶出来事❶

　あなたは来週の日曜日、友だちと映画を見る約束をしていました。ところが2日前になって、その友人から連絡が入り、映画を見るのをやめてカラオケに行こうと言われました。さらに、もう1人友だちを連れていきたいと言います。

　さて、あなただったらどんな気分になりますか？
　その気分になったとき、こころのなかで何とつぶやいていましたか？

　〈出来事❶〉のような状況のときの気分とこころのつぶやきの例をみていきましょう。

気分	こころのつぶやき
悲しみ	私と2人で行くのがいやなんだ。
不安	カラオケでうまく歌えない。
イライラ	勝手に変えるべきじゃない！
喜び	もう1人来る、ワクワクする。

　「私と2人で行くのがいやなんだ」とつぶやくと、悲しくなり、その後その友だちのことを避けるようになるかもしれません。「カラオケでうまく歌えない」とつぶやくと、その日行かないことになるかもしれません。また「勝手に変えるべきじゃない！」と怒りがわくと、友達に怒って電話してけんかになるかもしれません。「もう1人来る、ワクワク！」とつぶやいた人は、楽しみに当日を待つでしょう。
　このように、こころのつぶやきによって、気分やその後の行動が変わっ

気分とこころのつぶやき

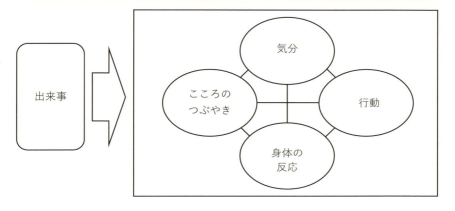

てきます。
　その時々で、身体の感じも違ってきます。

>> こころのつぶやきのクセ

　こころのつぶやきには、人それぞれクセがあります。先ほどの例でみていきましょう。

気分	こころのつぶやき	つぶやきのクセ
悲しみ	私と2人で行くのがいやなんだ。	深読み
不安	カラオケでうまく歌えない。	先読み
イライラ	勝手に変えるべきじゃない！	べき思考

　人それぞれ、つぶやきにクセがあります。つぶやきに良い、悪いはあり

ません。深読みするクセがあると人への配慮が適切にできる場合があります。また、先読みするクセは危険から身を守る大事な役割を果たすとも言えます。べき思考は決まりをしっかり守る信頼できる人と言える場合もあります。

　つぶやきのクセは、こういったクセがあることを自分自身が分かっておき、そのクセが自分の気分を不安にしたりイライラさせたりしていることに気づけることが大事です。

　こころのつぶやきはしなやかに広げていけます。つぶやきを広げることによって、広い角度からものを考え、柔軟に行動していけると便利です。

こころのつぶやきをしなやかにする工夫

　出来事によって気分が悲しくなったり、不安になったり、イライラしたりしたとき、そのときとっさに何をつぶやいたかを思い出してみて、そのつぶやきに違うつぶやきを加えて気分を落ち着かせていきましょう。

　違うつぶやきを工夫するヒントを以下にご紹介します。

　◀ こころのつぶやきを工夫するヒント ▶
① 「もし、ほかの人が同じようなつぶやきをしていたら、あなたは何と言ってあげますか？」
② 「もし、あなたの仲のいい人に相談したら、その人なら何と言ってくれそうですか？」
③ 「元気なときだったら、どんなつぶやきをするでしょうか？」
④ 「以前、同じようなことで、うまくいったことはありませんか？」

　こういった言葉を自分自身で言ってみて、違うつぶやきを考えてみます。そして、最初のつぶやきと両方言ってみて、気分がどう変わるか体験してみてください。

気分が楽になったり落ち着いたら、どのつぶやきを選んでどう行動したらよいかがわかってくるかもしれません。

　先ほどの例で、つぶやきの広がりを試してみましょう。

つぶやきの工夫
私と2人で行くのがいやなんだ、と思ったけれど、私ならほかの人を誘っても大丈夫だと信頼してくれているのかもしれない。
カラオケでうまく歌えない、と思ったが、しかし、前に行ってみたら、案外楽しめた。
勝手に変えるべきじゃない！　と、腹が立ったけれど、まあ、いいか。悪気はないんだろう。許してあげよう。

　このように、つぶやきをしなやかにして、嫌だと思った出来事にも対処していけるように練習していきましょう。

≫　支援の場面での活用法

　支援の場面では、困った出来事を想定して、いろいろなこころのつぶやきを出してみる練習をしてみるとよいでしょう。

　テーマとしては

- コンビニであと1つしかない商品を取ろうとしたら、横から取られてしまった。
- ゼミの部屋に入って友だちと目が合ったので話しかけようとしたら、友だちは立ち上がって部屋から出て行った。

などで、いろいろなつぶやきをだしてみるとよいでしょう。

これらはグループで行って、それぞれいろいろなつぶやきがあることを、

実感として体験することも楽しい練習になります。そのときは、どんなつぶやきも良い、悪いはないことを、強調して伝えてください。

また、上記のテーマを実際に2人が演じてみて、つぶやいた言葉を出し合うと、より実感が伴うと思います。

出てきたいろいろなつぶやきを、自分のつぶやきと足してみて、気分が楽になったり、落ち着いたりする体験をしていけるとよいでしょう。

● 参考文献
大野裕（2015）こころのスキルアップ・プログラム．平成26年度障害者対策総合研究事業「東日本大震災における精神疾患の実態研究についての疫学調査と効果的な介入方法の開発についての研究」．
大野裕・田中克俊（2017）簡易型認知行動療法実践マニュアル．ストレスマネジメントネットワーク．

06 思い、伝えよう！
言いたいことをうまく伝える

　自分の気持ちを相手に伝えることは、とても大切です。あなたは自分の思いや考えを相手に伝えられていますか？　人間関係は、「自分」と「相手」がいることが前提です。コミュニケーションは受け手と伝え手で成り立っているのです。

　自分の伝えたいことが相手にいつも正確に伝わるという保証はなく、誤解やズレが生じることがあります。例えば、「お皿を割った」と言っても、小さいお皿をイメージした人と大きなお皿をイメージした人がいるでしょう。お皿のイメージは人それぞれ違います。つまり、自分は相手に伝えているつもりでも、相手に正確に伝わっていない可能性があります。したがって、コミュニケーションは誤解やズレが生じることを前提に置き、自分が伝えたいことをなるべく正確に伝える努力をすることが大切です。

　そのためには、学生支援をする前に、支援者自身が自分自身のコミュニケーションの癖を知っておくことが大切です。言いたいことをうまく学生に伝えるために、あるいは学生支援に役立てるためにはどうしたらいいのか考えてみましょう。

あなたは普段、自分の気持ちを 相手にどのように伝えているのでしょうか

　下記の〈場面❶〉・〈場面❷〉から考えてみましょう。

場面❶　食事編

　イタリアンレストランで夕食を食べることにしました。あなたは1,000円のトマトクリームソースのパスタを注文しました。すると、運ばれてきたのは同じ値段のミートソースパスタでした。

　さて、あなたならどうしますか？（あなたが注文したのは、トマトクリームパスタで間違いありません）

　ⓐ「あれ？　違うの来ちゃったなあ……」と心の中でつぶやき、何も言わずにそのまま食べる……。

　ⓑ店員さんに、「ちょっとこのパスタ注文したのと違うでしょ！　何考えてるの？　早くトマトクリームソースのパスタ持ってきて！」と怒りながら取り替えてもらうように言う。

　ⓒ店員さんを呼んで「これは、ミートソースパスタですよね。私が頼んだのは、トマトクリームソースのパスタです。私はトマトクリームソースパスタが食べたいので、取り替えていただくことはできますか」と言う。

　問　さて、あなたの普段のコミュニケーションはどれ？

　答　＿＿＿＿＿＿＿

06 ―
思い伝えよう！

場面❷ 友人編

　あなたは土曜日の夜、友人と食事をする約束をしていました。すると、当日の夕方、「ごめん、用意で行けなくなった」と急にキャンセルの連絡がきました。

　さて、あなたならどうしますか。

　　ⓐ「あっ……うん、分かったよ」と言って、それ以上何も聞かないし、言わない。
　　ⓑ「こっちは予定していたのに‼　何で急にキャンセルするの？　信じられない」と言って怒る。
　　ⓒ「そっかあ、食事に行けなくなったんだ。残念だけど、仕方がないね。じゃあ、次はいつ会えそうかな？　来週の土曜日はどう？」と伝える。

問　さて、あなたの普段のコミュニケーションはどれ？

答　_____

解説

　あなたは、ⓐ〜ⓒのどれを選びましたか。あなたのコミュニケーションの傾向を探ってみましょう。

ⓐを選んだあなたは、ノンアサーティブ（非主張型）

　自分の考えや気持ちを表現できず、曖昧な言い方をしたり、消極的な態度をとる傾向があります。

53

ⓑを選んだあなたは、アグレッシブ（攻撃型）

　自分の考えや気持ちをはっきり言うのはよいのですが、相手を非難したり、自分の考えを押し付けてしまいやすい傾向があります。

ⓒを選んだあなたは、アサーティブ（主張的）

　自分の気持ちも相手の気持ちも大切にした言い方を選んでいます。自分の考えや気持ちを配慮した表現で相手に伝えることができます。

　自分の気持ちをなるべく正確に伝えるためには、伝え方の工夫が必要です。自分の言いたいことが上手に伝わるのは、ⓒのアサーティブな言い方です。自分の気持ちや考えを相手にも配慮した言い方で上手に伝えることで良い印象を与えます。普段から、ⓒのような伝え方を意識してみましょう。

　また、アサーティブな言い方をするためには、練習が必要です。ロールプレイをして、自己表現の方法を身につけましょう。

≫ 〈場面❸〉を使ってロールプレイをしてみましょう！

▌ロールプレイのやり方▐

①近くの人と2人ペアをつくります。

②面接官役と学生役を決めてロールプレイを行います。

③場面❸を読みます。

④面接官役が質問し、学生役がⓐ～ⓒを読みます。

⑤面接官役と学生役を交代して、ロールプレイを行います。

⑥感想を話し合います。

⑦支援者は質問を受けつけたり、気がついたことやもっと良くなることなどをアドバイスします。

場面❸ 就職試験の面接編

　就職試験で面接官に「もしも、あなたがうちの会社に入社したらあなたのやりたいことはできないかもしれないよ」と言われたとします。

　さて、あなたは何と答えますか？

　　ⓐ「あ……、はい。それでも大丈夫です」と答える。
　　ⓑ「いえ！　私なら工夫をして、やってみせます。新人ですが、年上の人を説得するは得意なのでやれると思います」と答える。
　　ⓒ「はい。現段階では、御社で実践することが難しいかもしれないということですね。承知しました。ただ、上司の方や先輩方に教えていただき学ぶ中で、将来的に自分の発想が何かしらの形で御社のお役に立てたら幸いです」と答える。

　いかがでしたか。実際にロールプレイをしてみると、3つの言い方の違いを感じると思います。普段からアサーティブな言い方で相手に言いたいことを伝えられるように意識しましょう。

≫ 就職の面接で自分の気持ちを上手に伝えるための準備

▶**Let's try !** 伝えたいことをまとめよう‼
　効果的に自分の気持ちを伝えるには、

　　①結論を最初に伝える。
　　②強調したいことと、その理由を伝える。

③具体的な例を加える。

④最後に結論を繰り返す。

ことが大切です。そのためには準備として

⑤一番伝えたい結論を明確にする。

⑥なぜ、あることを強調したいのか理由を考える。

⑦適切な具体的な例を考える。

とよいでしょう。

≫ では、就職の面接場面を ロールプレイしてみましょう!!

▶ロールプレイのやり方▶

①近くの人と2人ペアをつくります。

②面接官役と学生役を決めます。

③〈例❶〉(〈例❷〉・〈例❸〉)を読み、その続きをロールプレイします。

④面接官役と学生役を交代して、ロールプレイを行います。

⑤感想を話し合います。

⑥支援者は質問を受けつけたり、気がついたことやもっと良くなることな
どをアドバイスします。

例❶　大手企業の一次面接試験です。面接官から、「学生時代に頑張って
きたことは何ですか」と質問されました。

あなたは、どのように答えますか？

言いたいことを上手に伝えられるように意識をして、この続き
をロールプレイしてみましょう。

例❷ 大手企業の最終面接試験です。面接官から、「希望しない部署に配
     属されたら、どうしますか」と質問をされました。
       あなたは、どのように答えますか?
       言いたいことを上手に伝えられるように意識をして、この続き
     をロールプレイしてみましょう。

例❸ 中小企業の一次面接試験です。面接官から、「何を大切にして働い
     ていきたいですか」と質問をされました。
       あなたは、どのように答えますか?
       言いたいことを上手に伝えられるように意識をして、この続き
     をロールプレイしてみましょう。

学生支援のポイント

● 学生によっては、緊張して声を出すのをためらってしまうことがありま
  す。最初に「ロールプレイは安心して失敗してよい場です」というメッ
  セージを伝え、学生が安心感をもってロールプレイを練習できる環境を
  整えましょう。
● 学生が声を出せるようになったら、自分の気持ちや考えていることを相
  手に伝えるように、励ましましょう。
● 就職の面接練習をより具体的にイメージしやすいように、シナリオを使っ
  てあらかじめ具体例を提示し、ロールプレイを行います。その後、就職
  面接の練習をするとやりやすくなります。
● 学生同士にお互いの印象を話してもらい、支援者はそれをフォローする
  と良いでしょう。
● 学生の良いところを褒めることを忘れずに支援します。
● 学生が言いたいことを伝えられるように支援を継続してください。

▶▶ 言いたいことを伝えるために必要なこと

- 自分の考えや気持ちをまとめる力
  → 普段からノートに気がついたことを書いたり、日記をつけると良いでしょう。

- 相手の気持ちを考える力
  → 相手はどう思っているのか、どう感じるのかなど想像して相手に確認する癖をつけましょう。
  　自分が気がついたことを相手に確認して、コミュニケーションを取りましょう。

＊学生の普段のコミュニケーションの取り方について、話を聴いてみてください。学生を理解するためのヒントが得られるかもしれません。

▶▶ 非言語的コミュニケーションにも気を配ろう！

　コミュニケーションには、言語や文章で伝えるという方法だけではなく、表情や目線、態度や距離、声の大きさなどがあります。動作やしぐさで気持ちを伝えることを非言語的コミュニケーション（ノンバーバル・コミュニケーション）と言います。実は、この非言語的コミュニケーションは、相手に良い印象を与えるためには、とても大切になります。表情や目線、態度、声の大きさ、距離感などを意識しましょう。
　ここでいう距離感とは、相手との物理的な距離がもたらす心理的な距離感のことです。人には誰にでも他人に近づかれると不快に感じる空間（パーソナルスペース）がありますが、これは相手との関係性によって変わってきます。また、逆に距離を持ち過ぎると、相手によそよそしい雰囲気を与

えます。

　ロールプレイの想定場面は就職の面接試験です。つまり相手は初対面の面接官ですから、知らない人同士が会話をする際に適していると言われている"社会距離の近接相（120〜210cm）"を持つことが、適度な距離感と言えるでしょう。

●ロールプレイをする前にチェックしましょう!!

　□ 身だしなみをチェックして整える。

　□ 視線を合わせる。

　□ 自然な笑顔をする。

　□ 相手にはっきり聞こえるように大きな声を出す。

　□ 自然な体勢をとって話をする。

　□ 適度な距離感を持つ。

●ロールプレイ後にチェックして話し合ってみましょう!!

　□ 姿勢はどうでしたか。

　□ 視線はどうでしたか。

　□ 表情（笑顔）はどうでしたか。

　□ 声の大きさにはどうでしたか。

　□ 距離感はどうでしたか。

　□ 全体的な印象はどうでしたか。

>> まとめ

　自分の考えや意志、気持ちなどを相手に伝えられるということは、とても素晴らしいことだと思います。また、言いたいことをうまく伝えられるようになると、人間関係がますます良好になります。日常生活の中でも応用できるように練習するとよいでしょう。

パートⅡ

いろいろな場面

学生や新入社員へのアドバイス

01 挨拶は基本行動
挨拶をしよう

≫ はじめに

　ここでは、家族・ご近所・友人、上司・同僚・部下・お客様・取引先、初対面の相手など、全てのケースにおいてコミュニケーションの第一歩である挨拶について考えてみたいと思います。

≫ ありがちなパターン

日常生活の中でありがちなまずい対応を考えてみましょう。

場面

　朝、大学の廊下で出会ったゼミ仲間のAさんに「おはよう！」と挨拶したが、無視して通り過ぎてしまわれ、「何かAさんを怒らせるようなことをしたのだろうか？」と、気持ちが大きく落ち込んでしまいました。

ここでの問題点

　Ａさんが、なぜ挨拶を無視した（無視されたようにあなたが感じた）のかは、Ａさんに聞かないとわかりません。

　ただし、必ずしもそれをＡさんに問いただす必要もありません。

　冷静に考えれば、可能性としては、

　　①考えごとをしていて気づかなかった。
　　②体調が悪く、挨拶する元気がなかった。
　　③何らかの理由であなたのことを怒っている。

　等が考えられると思います。

≫ コミュニケーションのコツ

　こんなときは、次の機会にもまた元気よく声を掛けてみましょう。Ａさんが明るく挨拶を返してくれたら、きっとさっきの理由は①です。注意深く様子を見たら顔色がとても悪かったとしたら②の可能性があります。「どうしたの？　大丈夫？」と声を掛け、必要な支援をしてあげて下さい。やはり自分を避けているとしか思えないという反応であれば③の可能性が高くなるので、思い切って「どうして私を避けるの？」と聞いてみましょう。もしかしたら自分の気づかないところでＡさんを傷つけていたのかも知れないし、何か誤解されていることがあるのかもしれません。そのときは関係修復に努めましょう。

練習してみましょう

1 家族と挨拶していますか？

「おはよう」「いただきます」「行ってきます」「お休みなさい」「ごめんなさい」「ありがとう」……。家族との間でも、挨拶のタイミングはたくさんありますね。

人は、親しい相手ほど挨拶をおろそかにしがちですが、元気な挨拶は場の雰囲気を明るくし、お互いに気持ちよく過ごせます。

もし、「そう言えば、家族とはちゃんと挨拶していないな」という人は、今日からでも実践してみてください。最初は照れ臭いかも知れませんが、きっと家族も挨拶を返してくれますよ。

2 毎日の挨拶は健康の源

例えばゼミ室でも毎日、相手の顔を見ながら挨拶をしていると、相手のちょっとした変化にも気づくものです。

「元気がないけど、悩みごとでも抱えているのかな？」「顔色が悪いけど体調でも崩しているのかな？」等、挨拶はそういったことに気づくきっかけにもなります。

悩みごとや体調不良は、早期発見・早期対応がとても大事です。また、相手からの挨拶を待たず、あなたから率先して挨拶しましょう。相手から、より一層好かれる存在になること間違いなしです。

3 初対面の相手との挨拶

初対面の相手と打ち解けるのは得意ですか？

多くの人にとって、自分から初対面の人に挨拶することにはとても勇気が必要です。でも、誰でも積極的に挨拶に行ける秘訣があります。それは、自分以外の人やことのために、その相手と親しくなろうと思うことです。

人は、その行為は自分の利益のために行うのではない（相手のためにな

る）と思えれば、初対面の相手にでも積極的に話しかけることができるものです。

　相手にとって有益な情報を伝えたい、話し相手がいないようなのでこちらから話しかけてあげたい、という場面では、勇気をもって「こんにちは。少しお話ししても良いですか？」と挨拶してみましょう。

この章のポイント

　最後に、就職や業務で役立てるための個人支援の要点を、改めて3つお伝えします。

❶「習うより慣れよ」

　最初はなかなか元気な声が出せない学生もいると思いますが、「習うより慣れよ」で、まずは家族・ご近所・先生・友人への毎日の「おはようございます」を習慣にしましょう。

❷「ありがとう」は魔法の言葉

　「ありがとう」は相手との関係性を良くする魔法の言葉です。ちょっとしたことに対しても、心を込めて自然な笑顔で「ありがとう」と言える習慣づけをしましょう。

❸「ごめんなさい」と言える勇気

　自分の間違いに気づいたとき、相手に申し訳ないことをしたと思ったときには、勇気をもって素直に心から「ごめんなさい」と言える勇気を持ちましょう。

コラム

挨拶に関連したアンケート調査結果から

　社会人になると、挨拶は学生時代以上に大事な行為と言えそうです。

　その人自身の印象や評価につながるだけでなく、ビジネスで成果を上げるためにも、好感の持てる挨拶ができることは社会人の基本のようですね。

「あいさつ運動」アンケート調査結果より

社会人として仕事をする時挨拶をどのように考えますか？

- 仕事がきちんとできれば必要ない
- 仕事よりも、まず挨拶
- 良く分からない

元気なハキハキした挨拶は就職に有利だと思いますか？

- 非常に有利である
- 有利である
- あまり有利でない
- 全然有利でない
- 良く分からない

（一般社団法人 日本あいさつ検定協会 平成23年度実態調査）

02 聞く耳をもつ、ということ
相手の話の聴き方

>> はじめに

　相手の話を聴くとき、どんな態度や言葉がよいのでしょうか。

　ここでは就職を控えた学生に必要な、相手の話を聴くときの基本的な態度や言葉について、具体的な例を交えてご紹介していきます。

>> コミュニケーションのコツ

　ここでは、3つのステップに分けて考えてみます。

▶ステップ❶ 聴く態度をとる

● 相手のほうに体を向ける。
● 視線を相手の顔から胸のあたりに向ける。
● 相手の表情や声のトーンに合わせる。
● うなずいたり、時々「へえ」「うんうん」などあいづちをうつ。

　相手の話を聴くときは、やっていることの手をいったん止めて、相手のほうに体を向けます。相手の目をあまりじっと見つめたりすると、不自然ですので、自然に視線を相手の胸から上のあたりに向けます。

67

また、声について、低いか、高いか、ゆっくりか、早めかなど、相手の声のトーンにこちらも合わせます。表情も、困った様子なら同じような雰囲気に合わせます。

　このように、言葉だけでなく非言語で相手の調子に合わせることは、非言語で「あなたの話をしっかり聴いています」というメッセージとして伝わるので、非常に大事です。相手が困った顔をしているのに、笑顔で元気に答えないようにしましょう。

　相手が話し始めたら「へえ」「うんうん」「はい」など、相手の話に合わせてあいづちをうつのも、聴いているという印象を与えます。

▶ステップ❷　相手の言葉をなるべく正確にとらえる

●そのままくり返す。

「先輩がやれって命令したんだ」　➡　「先輩に命令されたんですか」

「この前の資料、なくしたんだ」　➡　「資料がなくなったんですね」

●似たような言葉で言い換える。

「先輩がやれって、命令したんだ」　➡　「先輩が指示したんですか」

「この前の資料、なくしたんだ」　➡　「資料が見つからないんですね」

　相手の言っている言葉を正確にとらえるために、相手の言葉をそのままくり返して伝えたり、言い換えてみて言葉のズレがないか確かめます。

　このときも、ステップ❶の非言語の態度も伴わせていくことが大事です。

▶ステップ❸　相手の気持ちをなるべく正確にとらえる

●話の内容とともに、相手の気持ちも理解していこうとする。

「先輩がやれって命令したんだ」　➡　「腹たちますね」➡

「腹たつというか、仕方ないって、あきらめかな」➡

「あきらめの気持ちなんですね」

●相手の立場に立って、出来事をとらえてみる。

「この前の資料、なくしたんだ」　➡　「それはお困りですね」

話の内容を細かく聞こうとして、事実だけ聞いてしまうと、相手はわかってもらえたと思いにくくなります。事実とともに、相手の気持ちもこちらの理解とズレがないか確かめていく必要があります。

　相手の気持ちをとらえるには、もし自分が相手の立場だったらと考えてみるのもよいでしょう。

>> ありがちなパターン

> ### 場面
>
> 　学生Aに、学生Bが就職のことで話し始めます。
>
> B　「あーあ、なかなか就職決まんない」
> A　「(携帯のゲームをしながら) へええ」
> B　「もういくつ受けたっけ。ああ、5つだ。全部撃沈だった」
> A　「(ゲームに笑いながら) まだ5つだろ。気にしすぎだよ」
> B　「いや、もうみんな内定きまってきている。焦るよ」
> A　「焦るなって」
> B　「それはわかるけど……」
> A　「さ、気晴らしに、映画でも行くか?」
> B　「いいよ……。今日は帰る」
> A　「なんだ、せっかく元気づけようとしてんのに。テンションさがるなあ」

先に示したステップ❶〜❸に従ってチェックしてみましょう。

ステップ❶：相手の話をきちんと聴く態度をとる
　　　　　➡ゲームをしながら聞いている。
　　　　　➡相手が困っているときに笑う。
ステップ❷：相手の言葉をなるべく正確にとらえる。
　　　　　➡全部撃沈だと言っているのに「気にしすぎ」と返している。
ステップ❸：相手の気持ちをなるべく正確にとらえる。
　　　　　➡焦ると言っているのに「焦るな」と言っている。

　Ａさんは、Ｂさんのことを思っていないわけではありません。励まそうとして映画に誘ったりしています。しかし、せっかくの相手を思う気持ちも、相手が聴いてもらえなかったと感じると、通じなくなります。話しかけられたときに、しっかり聴く態度や言葉で対応すると、相手は聴いてもらえたと感じることができます。

ここでの問題点

　聴くときのよくない対応もまとめておきます。

　　①相手に注意を払わない。
　　②うわべだけ聴いて、聴いているふりをする。
　　③相手の話をさえぎる。
　　④こうだろうと決めつける。

>> 練習してみましょう

　話の聴き方について、実際に練習をしてみると効果的です。支援者と学生が1対1で練習する場合は、最初は学生が話しやすいテーマで練習するとよいでしょう。例えば次のようなテーマがあります。

- ●最近の嬉しかった出来事について。
- ●行ってみたい場所について。
- ●好きな食べ物、花、動物について。

　慣れてきたら、徐々に難しいテーマで話しあっていきます。テーマとしては次のようなものがあります。

- ●最近、腹が立ったマナーの悪い人の行動について。
- ●最近、びっくりした出来事について。
- ●最近のちょっと困った出来事について。

　これらのテーマを使って練習するときには、より具体的にイメージできるように「例えば私は電車で無理やり椅子に座ってきた人のことを話そうかな」など、支援者自身がどういった内容を話すか伝えておくとよいでしょう。学生は、支援者が話したテーマにならって話をすればよいのだと安心します。

テーマ:「最近の嬉しかった出来事について」
　最近の出来事で、嬉しかったことを話し、どうしてその出来事が嬉しかったのかも話してください。

テーマ:「行ってみたい場所について」
　行ってみたい場所について話してください。そして、どうして行ってみたいのか、その理由も話してください。

▶練習のやり方

①支援者と学生がペアになります。
②支援者が話す役になり、学生が聴き役になります。
③学生は、聴くステップを踏まえた態度や言葉で聴いていきます。(5分)
④支援者は、短く話を区切りながら話し、学生がうなずいたり、言葉を返したりしやすいようにします。
⑤感想を話し合います。必要なら再度練習します。

▶支援上の留意点

- できたところ、よかったところを伝える。
- 改善できそうなところをお互いに検討する。
- 再度練習し、できたらほめる。

　これらのことを肯定的に伝え、学生が、やってよかった、頑張れた、と思えて自信につながるように支援します。

▶ グループワークについて

　学生同士のグループで練習すると、雰囲気が和やかになり、楽しく練習することができます。半面、やや遊び感覚になったり、感想を話し合う場面でグループのメンバーの何気ない言葉で落ち込んだりする危険があります。そのことを防ぐ意味で、最初に話し合いのときのルールを確認しておくとよいでしょう。

▶ グループワークのルール　肯定的な言葉を使って話し合う

- 聴き方のステップを頭に入れて練習する。
- 話し合いのときには
  できていたところをまず伝える。
  できなかったと思ったところも気づけて良かったと考える。
  できなかったところ、難しかったところは後で支援者に質問する。
- お互いの頑張りを認める、ほめる。
- 話せない学生がいるかもしれないが、「練習」なので、いきなりうまくできる必要はなく、「安心して失敗してみてください」などと、安心して参加できるように促す。

▶ グループワークのやり方

①学生同士で2人ペアになります。

②話す役と聴く役を、2人で相談して決めます。

③聴く役の学生は、聴くステップを踏まえた態度や言葉で聴いていきます。（5分）

④話す役の学生は、短く話を区切りながら話し、相手がうなずいたり言葉を返したりしやすいようにします。

⑤話す役と聴く役を交代して同じように練習します。

⑥グループの皆で感想を話し合います。（3分）

　話し合いのときのルールに従って話し合います。

⑦支援者が質問を受け、コメントします。

支援上の留意点

● できているところに焦点をあてる

「できなかった」というところは具体的にどのようなところができていないと感じたのかを聴き、気がついたことをほめた上で、「こうするともっとよいのではないでしょうか」と伝える。

● 否定的な意見が出たときは肯定的な言葉に言い換えてコメントする

例「ちょっと自分の意見を言いすぎたと思います」➡「自分の意見を控えると、うまくいくということに気がついたんですね。すばらしい。」

● 最後に頑張ったことをねぎらう

「皆さん、初めてなのに、とてもよくできていたと思います。聴くことは、本当に難しいことなんです。カウンセラーも、聴くことはとっても難しいといっているくらいです。今日はよく頑張ってくれました」などと伝える。

この章のポイント

　相手の話をしっかり聴くことは、実は難しいことでもあります。ここでは聴き方の基本的な態度や言葉を知っておき、相手の言葉や気持ちをなるべく正確に聞き取る練習を紹介しました。

　話を聴いてくれると思える相手には好感が持てます。好感が持てると信頼感がわき、仕事もスムーズにまわっていく可能性が高まります。また、困ったときにも周りの援助が得やすいでしょう。

　学生生活の中で、聴くことの基本スキルを獲得しておくことは、社会に出てから人との関係において役に立ちます。これは練習で獲得できますので、ぜひ練習を重ねていってください。

ステップ❶：聴く態度をとる
- 相手のほうに体を向ける。
- 視線を相手の顔から胸のあたりに向ける。
- 相手の表情や声のトーンに合わせる。
- うなずいたり、時々「へえ」「うんうん」などあいずちをうつ。

ステップ❷：相手の言葉をなるべく正確にとらえる。
- そのままくり返す。
- 似たような言葉で言いかえる。

ステップ❸：相手の気持ちをなるべく正確にとらえる。
- 話の内容とともに、相手の気持ちも理解していこうとする。
- 相手の立場に立って、出来事をとらえてみる。

03 上手に「質問」できていますか？
質問の仕方

>> はじめに

　人とのコミュニケーションにおいて、「質問する」ことは欠かせないスキルの1つです。相手の話に理解できない部分があるのに質問しなかったとしたらどんなことが起こるでしょうか。相手は「自分の話が伝わった」ことを前提として、話を続けたり、あなたの返事を待ったりしますが、あなたは理解をしていません。そうなるとコミュニケーションのズレが広がってしまいます。

　少し具体的に考えてみましょう。上司が部下に「この仕事をやっておいて」と指示を出したとします。しかし部下はその仕事の経験がなく、仕事の進め方がわかりません。このような状況では、部下が質問しないかぎり、設定された期限までに、期待されたクオリティの仕事を仕上げることなどはできるはずはありません。

　「質問するのが苦手」という人の中には、質問をしたら「自分で考えろ」「そんなこともわからないのか」などといわれた経験がある人もいるかもしれません。確かに、質問の仕方によっては、失礼と受け取られたり、努力不足と思われたりしてしまう可能性もゼロとはいえないのです。

　そこで、この章では質問するスキルをあげていくための、様々なコツについて学んでいきたいと思います。

>> ありがちなパターン

場面

　B君は大学2年生です。進級がかかったある講義で、先生が期末レポート課題を出しました。しかしB君は前回の授業を休んだためか、ちょっとぼんやりして聞き逃してしまったためか、レポートの課題がよくわからず、何を書いたら良いのかわかりません。いつもなら一緒に講義を受けている友人に教えてもらうのですが、あいにくその講義は頼れる友人が受講しておらず、B君は困り果ててしまいました。

　「こうなったら、先生に質問しなきゃいけないかなあ」とB君は思いました。でもこの講義を担当しているのは講義中の私語や遅刻に厳しい、ちょっと怖い先生です。「質問に行くの、イヤだなあ」。B君は、なんとなく質問に行きそびれていました。講義の中で、課題についてもう一度詳しく説明してくれることを期待していたのですが、それ以降、先生は「レポートの締め切りは絶対守るように」というばかりで、期待はかなえられませんでした。

　締め切りまで1週間となったとき、追い詰められたB君は先生にメールを出すことにしました。「○○の講義を受講している2年生のBです。レポート課題が良くわからないので教えてください」。しかし、先生からの返事はありませんでした。「どうして返事をくれないんだろう」とB君は少し憤慨しました。

　次の講義の終了後に、「先生、メールで課題について質問したのに、返事がなかったんですが」とたずねてみました。すると先生は「課題なら講義中に説明しただろう」「こっちも忙しいんだから」「だいたい今さらなんだ！もうレポート提出まで1週間きってるんだぞ」と不快そうな表情をしています。「そんなこといったって……いったいどうしろっていうんだよ」とB君はいやな気持ちになってしまいました。

▶ここでの問題点◀

B君の問題点を考えてみよう。

B君の問題点をいくつか挙げてみます。

①質問したら怒られるのではないかと不安であったため、質問に行く
のが遅れたこと。締め切り間際に質問するということは、質問する
相手にも返事を急がせる結果になります。

②怒られるのが怖かったため、講義後などに直接聞きに行くのではな
く、いきなりメールを送ったこと。

③メールの中に挨拶などのクッション言葉、お礼や相手の多忙を気遣
うメッセージなどのポジティブなメッセージがなく、唐突に質問し
ていたため、不躾な印象を与えたこと。

④何を聞きたいのかがはっきりしない尋ね方だったこと。質問された
側が、何がわからないのか、何を答えたら良いのかを考えなければ
ならないため、相手に負担を与えます。

⑤質問の返信がなかなか来なかったとき、それに対する不満をあらわ
にして催促したことも失礼にあたることがあります。

どんな質問の仕方だったら、自分にとって役立つ回答がもらえると思い
ますか？

コミュニケーションのコツ

1 仕事や学業の場面でなにかわからないことがあったとき
- 質問の必要性が生じたら、早めに質問する（&相手の回答をせかさない）。
- 質問しなければならない事情を伝える。
   例 当日、とても体調が悪くて、先生が説明したときに聴きもらしてしまった。
- クッション言葉をつかう。
   例 お忙しいところ、大変申し訳ないのですが。
- 聞きたい内容を明確にする（相手が答えやすいようにする）。
   例 私はこのように理解しているのですが、間違っていないでしょうか。
   この点について、具体的な例を教えていただきたいのですが。
   何か参考になる資料をいただくことはできますでしょうか。

2 プライベートの関係で、質問することで相手との関係を改善したいとき

- ポジティブなメッセージを伝える。

   相手の話が自分に関心のない内容であると、「ふーん」で終わらせてしまいがちです。しかし、それでは「相手の話」ではなく「相手そのもの」に関心がない、と伝えてしまう可能性があります。

   たとえ、あまり関心がない内容の話であっても、興味深いと思った内容をみつけだし、「おもしろいね」「すごいね」「わあ、そういうこともあるんだね」などのポジティブなメッセージを伝えましょう。

- 話を膨らませる。

   相手の話の内容の一部に焦点をあて、質問することで、話を膨らませ、相手が話したいことを話しやすくすることができます。

   相手の話を聞きながら、「○○さんは何を話したいと思っているのか

な？」と考え、相手が話したいことに焦点をあてて質問をするのもいいでしょう。

　もしくは相手の話の中に一部関心を持っている内容がある場合には、そのことについて「私もそのことにすごく関心があるんだ」と伝えてみましょう。

　相手が何を話したがっているかはわからないし、自分もなにを聞いて良いかわからないときには、5W1Hを意識して、「いつ」「だれが」「どこで」「なにを」「どのように」したのか、という質問をして詳しく聞いてみるのも良いでしょう。

　どこかに旅行にいった話や飼っているペット、自慢の家族などの話であれば、「ぜひ今度写真や記念品などをみせてね」と具体的な事物を見せてもらうようにお願いすると、喜ばれるでしょう。

● 自分の話もしてみる。

　コミュニケーションは双方向的なものですから、相手の話を聞くときに、こちらが「聞き役」に徹してしまい、質問ばかりをぶつけるやりとりになってしまうと、かえって相手は話しづらく感じるものです。

　友人が話しているテーマに関連する自分の経験についても話してみましょう。そのときに写真や記念品など、具体的な事物があれば、より話は膨らみます。

❸ 採用面接で「何か質問はありますか？」と聞かれたとき

● 「会社の理念」や「会社の使命」について、わからないことを具体的に1つ尋ねる。

　採用面接の場面で、事前に調べればわかるような内容を尋ねると、「この人はうちの会社について何も知らないのだな。なんとなく受けてみただけなのかな」とネガティブな印象を与えてしまいます。

　また福利厚生について尋ねる、ということは採用面接の場で望ましい質問ではありません。採用担当者は「この人は会社に入ったら、会社にどんな貢献ができるかな」という目で志望者をみています。そのような

ときに志望者が福利厚生のことばかり質問したら、どのような印象を与えるかはすぐにわかりますね。「この人は会社に対して何が与えられるか、ではなく、会社から何を与えられるかにしか関心がないのだなあ」という印象を与えてしまいます。

それまでの説明で「会社の理念」や「会社の使命」について、十分にはわからないことがあれば、自分が理解していることを伝えたうえで、わからないことを具体的に1つ尋ねましょう。これとからめて「御社の理念や使命に、自分も共感している。入社した際には、こういう風に会社に貢献できると思っている」というアピールも忘れないようにしましょう。

上手に質問できることのメリット

- 仕事や学業で……
   大学での課題や仕事については、上手に質問することが、自分が達成する課題のクオリティを挙げると考えても良いでしょう。逆に、上司や教員からの指示で何かわからないことがあるのに質問ができない場合には、期限までに求められたクオリティでの作業を行うことが不可能になってしまいます。
- プライベートの関係で……
   上手に質問できることは、友人、恋人などプライベートな関係においても重要です。「質問をしない」ことは「相手の話に関心がない」というメッセージにほかなりません。上手に質問をすることで、相手にポジティブな感情を抱いていることを知らせ、会話を豊かなものにすることできます。

この章のポイント

- 質問の必要性が生じたら、早めに質問する（＆相手の回答をせかさない）。
- 質問しなければならない事情を伝える。
- クッション言葉をつかう。
- 聞きたい内容を明確にする（相手が答えやすいようにする）。
- ポジティブなメッセージを伝える。
- 話を膨らませる。
- 自分の話もしてみる。
- 「会社の理念」や「会社の使命」について、わからないことを具体的に1つ尋ねる。

04 「賛成！」は丁寧に、はっきりと
同意の仕方

≫ はじめに

　相手の意見を受け入れたり認めること、同意することは、コミュニケーションをはかる上でとても大きな意味を持ちます。ただし、同意にも様々な方法や段階があります。そこで、ここでは同意の仕方について学びます。

　皆さんは、同意したけれど、相手にうまく伝わらなかったことがありませんか。まず、最初にうまく同意が伝わらない場合の具体例について見ていきましょう。

≫ ありがちなパターン

　このような状況を経験したことがありませんか。

場面❶

　サークル活動の部長を多数決で決めることになった。部長はＡ君になる予定で進められた。Ａ君は、面倒見が良く人望も厚かった。他の部員も反対する人がいなかったので、あなたも同意を求められた。あなたは迷いながらも「彼は遅刻が多いから、部長には向かないと思う」と言ってしまった。すると、一瞬、周囲の空気が凍りついた。

場面❷

　ゼミの先生から、講義で心理学についての資料をまとめて発表してほしいと頼まれた。あなたは、発表時間や詳しい内容の確認などを質問せずに適当に「わかりました」と返事をしてしまった。翌日、発表の準備をしようとしたら、何をして良いのかさっぱりわからなかった。具体的にどのようなテーマで書くのか、また、自分の興味関心のあるテーマで良いのかなど詳細を確認せず引き受けていたことに気がついた。

ここでの問題点

①〈場面❶〉みんなの意見に自分だけ素直に同意できず、周囲から誤解されて浮いてしまった。
②〈場面❷〉安易に同意をして、後で困った。

　などの経験です。これでは、周囲との関係がぎこちなくなってしまいます。

では、上記の場合、どうしてうまくいかなかったのでしょうか。
それには、いくつか理由が考えられます。

●自分が同意している部分もあることを述べなかった。
●決めつける言い方をした。
●相手の意図を確認できなかった。
●求められていることを理解していなかった。

以上のような場合、自分は正しいつもりでも周囲とうまくいかなくなったり、実際に自分が困ることになったり、相手に迷惑をかけてしまいます。つまり、同意しているつもりでも次のようなよくない対応をしている可能性があります。

同意する時のよくない対応
①反対意見だけを強調する。
②詳細を確認しない。
③理解していないのに引き受ける。
④はっきりした返事をしない。

このような対応では、相手と円滑なコミュニケーションをはかることが難しいのではないでしょうか。

同意にもテクニックが必要になります。
では、次に良い同意の仕方について見ていきましょう。

≫ コミュニケーションのコツ

1 基礎編

同意は以下の手順で行います。

①相手の話を聴く。
②相手が何を求めているのか確認する。
③同意できること、できないことを、理由を説明しながら相手に伝える。

同意の仕方：基礎編（ビジネス場面を想像してみましょう）

場面❸

あなたは会社で営業を担当している新入社員です。上司から仕事の段取りを説明されています。

具体例と解説

上司	「今週の金曜日、A社とB社に君の紹介も兼ねて挨拶に行く予定をしているよ。君の都合はどうかな？」
あなた	「はい。ありがとうございます」……①相手の話を聞く。
	「私の予定ですね」……②相手が何を求めているのか確認する。
	「金曜日は、午前中会議がありますが、午後からは時間が空いているので行けます」……③できること、できないことを理由を説明しながら相手に伝える。
上司	「そうか。では、午後1時に訪問するようアポをとろう。そのときに持っていく資料を用意しておいてください」
あなた	「はい。どのような内容の資料を用意したらよろしいでしょうか」

上司	「会社のパンフレットと新製品を紹介する資料で良いですよ」
あなた	「はい。かしこまりました。では、その資料はいつまでに用意しておいたらよろしいでしょうか」
上司	「水曜日までに私に見せてください」
あなた	「はい。承知いたしました。水曜日までに準備をしておきますので、よろしくお願いします」

　例えば、「この件については承知いたしました。しかし、その他のことは私1人では判断しかねますので、他の者に相談します」など、一部同意をする場合は、同意できない部分について新しい提案をする。

❷ ステップアップ編

　次に、もう1段階ステップアップした同意の仕方について見ていきます。

同意の仕方：ステップアップ編（大学での出来事です）

場面❹

　あなた（Aさん）は大学1年生です。今年は、学園祭の実行委員になりました。実行委員長は3年生の先輩です。今、学園祭の企画について会議を行っています。

委員長	今年は、学園祭で新企画を行おうと考えています。1年生から4年生まで参加できる学園祭にしたいと思います。学生だけではなく、普段からお世話になっている地域の皆さんにも来ていただけるような地域参加型の開かれた学園祭にしたいと考えていますが、皆

さんの意見はいかがですか。

あなた はい。委員長のご意見は素晴らしいと思います。私も同じ意見です。地域参加型の学園祭を一緒につくっていきたいと思いました!!

委員長 ありがとう。地域の皆さんの支えによって僕たちは充実した学生生活を送れていると思います。普段からとても親切にしていただいている地域の方に楽しんでもらうような企画をつくっていきたいです。では、他の人の意見はどうですか。

学生B 私も委員長の意見に賛成です。とても素晴らしいお考えだと思います。私も感謝の心が伝わる温かい学園祭にしたいと思います。

委員長 ありがとう。では、地域参加型の学園祭になるように企画をします。問題は、企画書が大学側に通るかどうかということです。誰か大学の担当者の方に説明する企画書を作成してもらえませんか。

あなた はい。いつまでに書いたらよろしいですか。

委員長 2週間後までにお願いします。

あなた はい。では、私にやらせてください。

委員長 それでは、Aさんで決定ですね。大学側に企画の目的や意図がよく伝わるように書いてください。

あなた はい。わかりました。ただ、私は1年生でわからないことだらけですので、2年生のE先輩にも教えていただいて、一緒にできると助かりますが、いかがでしょうか。

E先輩 はい。いいですよ。

委員長 それでは、決まりましたね。2人ともよろしくお願いします。

あなた・E先輩

はい。わかりました。

ステップアップ編のポイント

笑顔で話しましょう!!

①相手を褒める。オーバーリアクションでもOK。
②気持ち良く同意する。
③予想される障害を考える。
④困難への対策を提案する。

ステップアップ編の解説

同意を強調したいときに、「相手を褒めること」をプラスすると、より高度なコミュニケーションが成り立ちます。それでは、相手を褒めるためのテクニックをご紹介します。

①相手を褒めるテクニック。

ポジティブ形容詞：ポジティブな形容詞を付けることで、より一層相手に伝わります。例えば、「とても素晴らしい」「すごく良い」「非常に面白い」などがあります。

存在感を褒める：相手の存在感を褒めると効果的です。例えば、「あなたが必要です」「あなたがいてくれるから安心します」「あなたがいなければここまで来られなかった」などと伝えることで相手は充足感を得られます。

役割を褒める：役割を褒めることも重要です。例えば、「佐藤さんがリーダーなので、周りが明るくなります」「山本さんがフォローしてくれると安心して仕事ができます」など、相手が周囲に与えている貢献について言及すると良いでしょう。

②気持ち良く同意する。

気持ち良くOKを伝えると相手に与える印象が良くなります。コツは、短い言葉で丁寧に伝えることです。例えば、「かしこまりまし

た」「承知いたしました」などがあります。

③予想される困難を考える。

物事を行うときには、必ず何らかの困難が伴います。計画を成功させるためには、起きそうな困難について話し合うことが大切です。

④困難への対策を提案する。

困難に対する対策を提案しましょう。例えば、「上司に相談します」「情報を確認します」「○○さんにお願いしてみます」など提案を伝えることで相手にも安心感を与えることができます。いろいろな困難と対策を話し合うことで、あなたの適応力や実行力が改善します。

以上を踏まえて、ステップアップ編も実践してみてください。普段の生活の中で練習を繰り返すことも大切です。

▶▶ 練習してみましょう

■ 個人支援での活用について

● 就職支援課などで、個人面談を行う場合に取り入れてみてください。
● ここでは、個人支援を行う場合のポイントを説明します。
● 支援者が慣れてきたら、他の具体例を考えて実践してみましょう。

①文中に取り上げたまずい具体例と良い具体例を使って、ロールプレイを行います。
②学生に感想を話してもらいます。
③支援者側は、良かった点と改善点を伝えます。
④再度、ロールプレイを行います。

⑤学生に感想を話してもらいます。

⑥支援者側が気づいた点をアドバイスします。

❷ グループ支援での活用について

● 就職活動説明会などを行う場合に、取り入れてみてください。

● ここでは、グループ支援を行う場合のポイントを説明します。

● ロールプレイの時間は、20分程度かかります。

● 時間があれば、最後にグループごとに感想を発表してもらいましょう。

①学生同士のグループ（3～4人程度）をつくります。

②文中に取り上げたまずい具体例と良い具体例を使って、ロールプレイを行います。

③それぞれの立場からロールプレイの感想を話します。

④良かった点、改善点について話し合います。

⑤改善点を踏まえて、同じ役で再度ロールプレイを行います。

⑥それぞれの立場からロールプレイの感想を話します。

⑦支援者からのアドバイスを伝えます。

　相手も自分も気持ちよく同意できるように、日常生活の中でも練習しましょう。

この章のポイント

同意は以下の手順で行います。

①相手の話をよく聴く。
②相手が何を求めているのか確認する。
③同意できること、できないことを、理由を説明しながら相手に伝える。
④同意できない部分について、新しい提案をする。

05 意見が合わなくても恐くない
意見が違うときのやりとり

>> はじめに

　いろいろな場面で他の人と意見が違うとき、どうしていますか。意見が違うときに、気まずくならないようにと黙っていたらしたくないことをするはめになったり、反対に思わず強い口調で主張して周囲の反感をかってしまったり、どちらかというと不本意な思いをした経験を持っている方が多いかもしれません。ここでは意見が違うときにどんなやりとりをしたらよいのか、考えていきましょう。

>> ありがちなパターン

　まず、意見が違うときに、起こってしまいがちな状況をみていきます。

場面❶

　Aさんの所属する学内のバドミントンサークルで、新入生歓迎会に何を
するかを話し合っています。Aさんは「休日にバーベキューにしましょう
よ」と提案しました。するとBさんが「えー！　みんなで平日の夜カラオ
ケに行こうよ」と言い出しました。Aさんが「カラオケなんて苦手な人は
つまらないからだめよ」と言うと、Bさんは「バーベキューなんて、面倒
だし」と譲りません。Aさんはつい、「Bさんはいつも面倒くさがりなんだ
から」と文句を言いました。周りのみんなは、もう何でもいいやと思いは
じめ、疲れてきました。

　さて、こんなとき、まずい雰囲気にならずに建設的な話し合いをするに
はどうしたらよいでしょうか。Aさんのどんなところが問題なのか考えて
みましょう。いくつか問題点を挙げてみてください。

ここでの問題点

①相手の意見を聴こうとしない。自分の言いたいことだけ言う。

　　自分の意見が正しい、普通そうだろうと、自分の枠組み（価値観）だ
　けで事柄をとらえてしまうと、相手の意見を聴くことができなくなり
　ます。

②自分の意見を押し通そうとする。

　　自分の意見を通すことが目的になってしまうと、勝ち負けになってし
　まい、相手を非難したり、攻撃したりして、何とか言い負かそうとして
　しまいます。

③相手の人格を非難する。

　　意見の違いを話し合っているときに相手の人格を非難する言葉を言う
　と関係が損なわれます。

コミュニケーションのコツ

　では、意見が違うときには、どういったやりとりをするのが良いのでしょうか。関係をなるべく損なわずに建設的な意見のやりとりをする方法を身につけましょう。

❶ 人はそれぞれ枠組み（価値観）を持っていると理解する

　私たちは誰でも自分の枠組みを持っています。枠組みとは、自分の価値観ともいえます。枠組みに良い悪いはありません。枠組みは似ている人もいますが、人それぞれです。自分では当たり前と思ってとらえていることが、他の人から見るとそうではないかもしれません。通常私たちは、自分の枠組みを通して物事をとらえているということを全く意識していません。あまりに自然なので、あえて意識することはないからです。そして、他の人も同じように物事をとらえていると思い込んでいます。これが人間関係において、誤解やさらには対立を生むことにつながっていきます。自分の枠組みをもっていることに気づき、相手も相手なりの枠組みを持っていると理解しておきましょう。

❷ 相手の話をよく聴く

　自分の意見を主張するほうに力点を置くと、相手の意見を聴くのは二の次になってしまいます。自分の意見を言う前に相手が本当に言いたいことは何かを聴いてみます。「Ⅱ-02　聞く耳をもつ、ということ」のところで出てきたような話の聴き方をすると、自然に相手の立場になって相手を理解しようという気持ちになります。そうやって聴いていると、相手は聴いてもらった、という実感をもち、今度は相手も、あなたの意見をきちんと聴こうという気持ちになります。

　相手の意見を聴くということは、自分の考えを変えることではありません。まずは相手の気持ちや意見を聴くということです。別の意見をもっていると

とはいえ、よく聴いてみると、100％反対ということはあまりなく、多くの場合、一部は合意できるものです。そこを見つけることを目指しましょう。

❸私を主語にして、具体的に意見を言う

相手の話を聴いた後、自分の意見を言います。そのとき相手の人格を非難したり、相手の意見を批判したりするのではなく、「私」を主語にして、意見を具体的に伝えます。言い方は、「あなたの意見は理解したけれど、私の意見は少し違います。なぜなら○○だから」というように、自分の意見と理由をはっきり伝えましょう。ここで、できれば、相手の意見の中で、賛成できる部分を強調しておくとよいでしょう。相手の意見も取り入れた改定案を示すことができます。そのためにも、②のよく聴くことがまずは大切ということになります。

❹ 聴く、話すをくり返して折り合いをつける

相手の意見を充分に聴き、自分の意見を具体的に伝えることを繰り返し、お互い折り合いをつけていき、納得できる合意を目指します。合意できなくても、しっかり話し合えた満足感と感謝を伝えて終わります。

▶解説◀

では、上記のポイントを踏まえて、学生Aはどんなやり取りをするとよいのか具体的に考えていきましょう。

> Aさん　「休日にバーベキューに行きましょうよ」
> Bさん　「えー！　みんなで平日の夜カラオケに行こうよ」
> Aさん　「カラオケなんて苦手な人がつまらないからだめよ」
> Bさん　「バーベキューなんて、面倒だし」
> Aさん　「Bはいつも面倒くさがりなんだから」

この場面で、Aさんの「カラオケなんて苦手な人がつまらないからだめ

よ。」のセリフを別の言葉に言い換えてみましょう。そのために、ポイントに沿ってみていきます。

(1)人はそれぞれ違う枠組み（価値観）を持っていると理解する

　Bさんのカラオケの提案に対して、Aさんは、苦手な人がつまらない、と決めつけています。もしかすると、歌は苦手でも他の人が歌うのを聴くのが好きなど、たとえ苦手でもカラオケを楽しめる人はいるかもしれません。歌が苦手な人はつまらない、とも限らないわけです。この部分は、Aさん自身の思い込みとも言えます。

(2)相手の話をよく聴く

　Aさんは、決めつけてだめ、と言ってしまいましたが、まずは、カラオケの案の理由をよくきくことが大切です。例えば、「カラオケのほうがよいのはどんなところ？」など、カラオケの提案理由を聞いてみるというのが大事です。すると、Bさんは「休日よりも、平日のほうが都合つけやすいと思う」とか、「準備が楽だから」とか、何らかの理由を言ってくれるでしょう。

(3)私を主語にして、具体的に意見を言う

　もし、それに対して納得できなければ、今度は自分の意見を言います。そのときは、「カラオケなんて苦手な人がつまらないからだめよ」ではなく、例えば、「休日は都合がつけにくいというBさんの意見はわかったけれど、私の意見は少し違います。平日は授業やバイトで忙しい人が多いと思うし、みんなで休みの日にゆっくり準備すれば楽しいと思うから」という感じです。

(4)聴く、話す、をくり返して折り合いをつける

　そうすれば、もしかするとBさんは、「担当の人だけが準備するのでなくてみんなでするんならいいかな」となるかもしれません。あるいは、やり

とりを続ける中で、Aさんが、「準備よりもみんなで楽しむことに時間を使うほうがいいかな」と思えるかもしれません。

このように、意見が違うときには、①から④を行っていくと、建設的なやりとりになります。その結果、合意形成にもつながっていきます。

 練習してみましょう

ペアで学生AとBの役になって、〈場面❶〉の状況でやりとりをしてみましょう。次に、役割を交代してみましょう。

●新入生歓迎会に何をするかという話し合いの場面：
Aさん　「休日にバーベキューにしましょうよ」
Bさん　「えー！　みんなで平日の夜カラオケに行こうよ」

会話を続けてみましょう。

回答例　　コミュニケーションのコツの中の解説を参照してください。

Aは友人のBを焼き肉に誘いました。Aは何と答えるとよいでしょうか。

Aさん　「久しぶりに焼き肉食べに行かないか」

Ｂさん　「ぼくは、そばがいいな」

会話を続けてみましょう。

回答例　例えば以下のような会話もできるかもしれません。

　　　　　Ａさん　「久しぶりに焼き肉食べに行かないか」
　　　　　Ｂさん　「ぼくは、そばがいいな」
　　　　　Ａさん　「そばかあ。それもいいけど、ぼくは2〜3日肉食
　　　　　　　　　べてないから、焼き肉が食べたいなあ」

そのあとの会話も例えば以下のようになるかもしれませんね。

　　　　　Ｂさん　「2〜3日食べてないなら食べたいだろうなあ。た
　　　　　　　　　だ、ぼくは風邪が治ったばかりだから、肉はちょっ
　　　　　　　　　と……」
　　　　　Ａさん　「風邪だったんだ。じゃあ肉じゃないほうがいいだ
　　　　　　　　　ろうね」
　　　　　Ｂさん　「どこか、両方食べられるところに行こう」
　　　　　Ａさん　「そういえば、Ｔ町のファミレス、両方あった気が
　　　　　　　　　する」
　　　　　Ｂさん　「よし、そこにするか」

　　意見が違うときのやりとりには、枠組み（価値観）の違いを理
解し、話し合うという、やや高度なスキルが必要です。最初は簡
単で、葛藤の少ない事柄から練習すると良いでしょう。段階的に
練習していきましょう。

▶支援上の留意点

こだわりの強い学生に対して

　自分の枠組み、こだわりの強さには個人差があります。意見が違うときの受け答えについて支援する際は、自分の枠組み（価値観）が悪いことではなく、そういう枠組みがあることに気づくことが大事であることを伝えます。

　自分の意見を主張することが苦手な学生には、まず意見をどのように表現するか、文章をつくってから伝えるという練習をするとよいでしょう。練習することで、慣れていき、自信もついてくる実感をもてると効果的です。「Ⅰ-06　思い、伝えよう」の項も参照してください。

▶グループワークについて

　学生同士がお互いを客観的に見ることで、自分の言い方を工夫したり、相手の困っているところを一緒に考えたりでき、コミュニケーションの幅が広がります。その際、次のようなルールを決めて、ルールにそって進めていくことをおすすめします。

▶グループワークのルール

- ●意見が違うときのやりとりに添って練習する。
- ●お互いに役割をやってみた感想を話し合う。できていたところを伝えあう。
- ●改善できそうな言葉はないかお互い探す。
- ●思いやりのある発言をする。

▶学生同士での練習問題のしかた——練習❶の場合

①2人一組になります。
②役割を決めます。
③まずAがセリフを言います。
④Bも、次のセリフを言います。

⑤AはBの意見を聴き、再度自分の意見を私を主語にして具体的に伝えます。

⑥これをくり返して、お互いが納得できる解決策を見つけていきます。

支援上の留意点

● 相手の意見を尊重しながら、自分の意見を伝えていくことは、時間がかかりますが、お互い納得がいく解決策にたどりつけます。

● 腹が立ったり、つらくなったりしてきたときは、それも「私」を主語にして伝えていくように励まし、いろいろな考え方があってよいことを伝えましょう。

● 別の意見が挙がることは、自分が非難されているのではなく、考え方が違うということであり、それはあたりまえのことだと伝えます。お互い違う人間なのですから。

● 参加者がやってよかったと思えるように、できたことははっきりと伝えましょう。また、できなかったところについても、どうすればよいかがわかり、やってみることで成功体験として捉えられるようにします。

この章のポイント

　意見が違うときは、なかなか建設的に話し合うことが難しいこともありますが、繰り返し練習していくことで、慣れておくことが社会に出てから役に立ちます。支援者のいるところで、恐れず練習していきましょう。

ポイント

①人はそれぞれ違う枠組み（価値観）を持っていると理解する。

②相手の話をよく聴く。

③私を主語にして、具体的に意見を言う。

④聴く、話す、をくり返して折り合いをつける。

> **コラム**

合意形成

〈場面❶〉の雰囲気のままでは、最終的にどちらの案になったとしても、投げやりな態度で参加する人がいたり、欠席者がでたりしてしまいそうです。例えば、休みの日に駆り出されることに不満を持つ人は、どうしても消極的なかかわりになってしまいがちです。もしも十分に話し合いがなされ、このサークルにとっての最善の方法が休日のバーベキューということに皆が納得できれば、皆が率先してそれを成功させようと力を注ぐことになるでしょう。そうやって、サークルの絆も深まり、ますますサークルの活動が活発になっていくかもしれません。

合意形成には、十分に聴き合うという過程が必要ですので、多数決よりも時間はかかりますが、グループとしてのその後の活動がスムーズになるのであれば、そこにかける時間は問題ではない、ともいえるのではないでしょうか。

ここで、合意形成のポイントも併せてみておきましょう。

● **合意形成のポイント**

① 前提として、自分の意見を整理しておくことがポイントです。どのように考えてそのような意見になったのか、整理しておきましょう。

② 相手の話の内容をよく聞き、同意できる部分、保留する部分、同意できない部分を明確にしていきましょう。

③ 話し合い、聴き合うことが大切です。相手を説得しようとして話すのではなく、自分の意見を理解してもらうために説明します。

④ 少数意見は特に十分に聞きましょう。考え方の幅が広がるチャンスです。

⑤ そのために、「Ⅱ-02　聞く耳をもつ、ということ」「Ⅱ-03　上手に『質問』できていますか？」の項目を参照してください。

06 なるほど、そうきましたか
自分の意見を否定されたときの受け答え

>> はじめに

　先ほどの章（Ⅱ-05　意見が合わなくても恐くない）では、交渉相手との建設的なコミュニケーションの方法について学びましたが、実際に仕事上で付き合う相手が皆、同様なコミュニケーションスキルを持っているとは限りません。

　中には攻撃的な人や批判的なコミュニケーションスタイルの人もいるでしょう。

　ここでは、自分の考えや意見が相手に否定されたときに、それをどう受け止め、どのような対応をすることが望ましいかについて、考えてみます。

>> ありがちなパターン

　採用面接の場面でおこりがちなまずい対応を考えてみましょう。

103

場面❶

面接官 「学生時代に打ち込んできたことは何ですか？」

学生 「サークル活動のリーダーとして、メンバーをまとめてきました」

面接官 「(少しバカにするように) 利害関係のない仲良しグループのサークル活動なら、まとめるのも楽ですよね」

学生 「……」(頑張ってきたのにバカにされたと思い、悔しさと恥ずかしさで顔が赤くなりながら言葉に詰まってしまった)

　さて、どうでしょうか。面接官の少し意地の悪い質問で、あなたは言葉に詰まって黙ってしまいました。そのとき、頭の中で「がんばってきたのにバカにされた」と考えて、くやしさと恥ずかしさで心が一杯になって、何も言えず黙り込んでしまいました。

　この状況を「Ⅰ-05　こころのつぶやき」の図「気分とこころのつぶやき」を使って表してみましょう。

気分とこころのつぶやき〈場面1〉

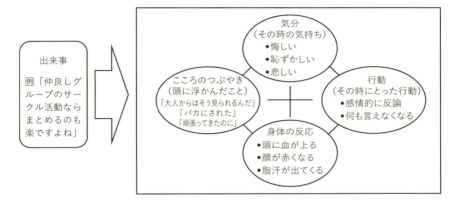

ではもう1つ、学生生活で起こりがちな場面についても考えてみましょう。

場面❷

学生A　これからは、英語力って大事だと思うんだ。だから、とりあえずTOEIC600点をめざそうかな。

学生B　（少しバカにしたように）そんな机上の勉強で、実際役に立つと思ってるの？　それよりいろんな国に行ってたくさん経験するべきよ！

学生A　そんなの空想よ！　旅行ばかりしたって、具体的に成果が見えないじゃない！

2人は、その後気まずくなって、話しが途切れてしまいました。

　普段仲が良い友だちなので、こんなケンカになることもあると思いますが、気まずさは残ってしまいます。

ここでの問題点

　意見を否定されたときのまずい対応をいくつか挙げてみます。

①黙ってしまう。

　黙ってしまうと、相手に自分の気持ちが伝わらず、誤解が大きくなります。

　黙っていても、心の中で色々な言葉をつぶやいています。〈場面❶〉では「頑張ってきたのにバカにされた」とつぶやいています。

　そして、くやしさや恥ずかしさといった気持ちが湧いています。

②とっさに反発してしまう。

　相手の言葉にひと呼吸おかずに反応してしまうと、冷静なときの自分と違うことを言ったりやったりしてしまい、あとで後悔することがあります。また、関係がこじれて関係を修復するのに時間がかかってしまう場合もあります。

③相手の言い分を聴こうとしない。聴くゆとりがなくなる。

　否定されたという気持ちが強くなると、相手の言葉をまず聴いてみようというこころのゆとりがなくなってきます。そうなると、つい相手の言い分を否定しがちな言葉になり、お互いが否定し合い、話し合いになりません。

　　　Q.　さて、〈場面❶〉・〈場面❷〉に当てはまるのは何番？

　　A.　〈場面❶〉：　①番
　　A.　〈場面❷〉：　②番

意見を否定されたときの受け答えNG対応

①黙ってしまう。

②とっさに反発してしまう。

③相手の言い分を聴こうとしない。

≫ コミュニケーションのコツ

　自分の意見を否定された時の受け答えについて、適切な対応をご紹介します。

1 ひと呼吸して、気分を落ち着かせる

　否定されたときは、ついついカッとなったり、頭が真っ白になったりして、気分が動揺します。そんなときは、相手に色々やったり言ったりしてしまう前に、とりあえずひと呼吸しましょう。

2 まずは相手の言い分を確認する

　自分と違う意見でも、まずは「受容」することが大切です。否定された言葉をまずは「〜ということですね」と、確認しながら、相手の言いたいことを受け止めます。

3 自分の意見を「私」を主語にして伝える

　自分の意見は

- ●私を主語にして（私はこう思う）
- ●簡潔に
- ●言いたいことを具体的に

伝えます。

中には、言われたことでイライラしたり、落ちこんだりして、なかなか切り替えることが苦手な学生もいます。そんなときの学生のこころに起こっている動きをみてみましょう。

　こんなときは、まずは「バカにされたと思って、悔しかった」学生の気持ちを受け止めた後

- 面接官は、少し意地悪な質問をして、反応をみようとしたのかもしれない。
- 実際にやってきたことを説明すればわかってくれる。
- 逆に、自分を売り込む絶好のチャンスになるかもしれない。

など、色々な可能性を一緒に考えて、学生が取り組む意欲を持てるようにしていきます。

　その後で、一緒に具体的な言い方を考えていきましょう。これを、ポジティブシンキングと言ってもよいかもしれません。

≫ 練習してみましょう

　〈場面❶〉の状況を使って、支援者と学生で実際に練習してみましょう。

①支援者と学生がペアになります。
②支援者が面接官の役をします。
③学生は、まずひと呼吸して気分を落ち着かせます。
④面接官の言っていることを受け止めます。

例「サークル活動は利害関係のない仲良しグループだとおっしゃるのですね」
⑤自分の意見を「私」を主語にして言います。
⑥練習のふりかえりをします。

面接官　学生時代に打ち込んできたことは何ですか？
学生　　サークル活動のリーダーとして、メンバーをまとめてきました。
面接官　（少しバカにするように）利害関係のない仲良しグループのサークル活動なら、まとめるのも楽ですよね。
学生

〈場面❷〉の状況を使って、学生同士で実際に練習してもらいましょう。

▶練習のやり方
①学生A役とB役が2人一組でペアになります。
②学生B役は、シナリオ通りにセリフを言います。
④学生A役は、学生Bの言い分を聴きます。
⑤学生Bは「そう。TOEICを目指そうと思ってるんだ」など、同意します。
⑤学生Aは自分の「私」を主語にして、自分の意見を再度伝えます。
⑥以下の点に留意しながら感想を話し合います。
　●できていたところをお互い伝える。
　●改善できそうな言葉はないか、お互いに探す。
　●「私はこう思った」と、「私」を主語にして伝える。
　●思いやりのある発言をする。

学生A	これからは英語力って大事だと思うんだ。だから、とりあえずTOEIC600点をめざそうかな。
学生B	（少しバカにしたように）そんな机上の勉強で、実際役に立つと思ってるの？　それよりいろんな国に行ってたくさん経験するべきよ！
学生A	
学生B	

（会話を続ける）

回答例

●練習❶の学生の例

　私はリーダーとして約30人のメンバーをまとめてきました。

　ときには批判や攻撃的な意見も出ますが、それも大事な意見として言い分を聴き、メンバー全員が納得するよう改善を重ねながら練習に取り組んできた結果、目標としていた大会で優勝することができました。

　これらの経験を通じて、達成感や一体感、自分自身やメンバー1人1人の成長を実感することができました。

ポイントチェック！

●ひと呼吸して落ち着けましたか？

●相手の言い分を確認しましたか？

●自分の意見を「私」を主語にして具体的に簡潔に言えましたか？

●練習❷のAさん、Bさんの例

Aさん	これからは、英語力って大事だと思うんだ。だから、とりあえずTOEIC600点をめざそうかな。
Bさん	（少しバカにしたように言う）そんな机上の勉強で、実際役に立つと思ってるの？　それよりいろんな国に行ってたくさん経験するべきよ！

Ａさん　　実際に経験したほうが役に立つと思うんだね？

Ｂさん　　うん。そうだよ。

Ａさん　　私は今、外国に行くお金がないから、できることからやって
　　　　　いこうと思ってるんだ。英語は話せるようになりたいしね。

▶支援上の留意点

● 否定されたのは「自分」ではなく「あることに対する考え方の違い」と
　受け止めましょう。

● 相手の言葉を聴いてみると「なるほど」と思えることがあるかもしれま
　せん。

● 自分の意見をしなやかに変えていくこともよいし、変えずに話し合いを
　重ねてもよいでしょう。

● 意見は違ってあたりまえです。その上で、お互いの違いを尊重しながら
　関係性をつくっていきましょう。

この章のポイント

　就活の面接試験では、試験官がわざとこちらの意見を否定し、そのときの受け答えの様子から対応の柔軟性やコミュニケーション能力を見極めようとする場合があります。また、社会に出てからは業務の中で相手と意見が対立することは日常的に起こり得ることです。

　相手と意見が違うときは緊張感が走り、否定的な気持ちや弁解したい気持ちがすぐ湧いてきて、人間関係をつくっていくときのピンチともいえます。

　けれども、意見の違いがある相手との話し合いを続けて行くと、自分の考えを拡げてもらえたり、意外な解決策がみえたりするときがあります。まさに、ピンチはチャンスです。恐れずにトライしていきましょう。

ポイント

①ひと呼吸して、気分を落ち着かせる。

②まずは相手の言い分を確認する。

③自分の意見を「私」を主語にして伝える。

07 相談しよう！ そうしよう！
困ったときの相談の仕方

>> **はじめに**

　毎日の生活の中で、困ったと思う場面は誰でもあります。そんなとき、1人で悩まず、誰かに相談すると、解決方法が見つかったり、さらには人とのネットワークが拡がったりします。
　ここでは、困ったときの相談の仕方について、どう支援したらよいかを具体的にご紹介していきます。相談することが苦手な学生も、具体的に練習して、相談できるようになれば、1人で悩まずに早い段階で何らかの手立てが打て、社会に出ても心の健康を保つことができると思います。

>> **ありがちなパターン**

　A君は大学3年生です。就職を地元でしたいと思っていますが、なかなか情報がなく、どこに相談に行ったらいいかわからず困っています。とりあえず、ゼミの先生に相談してみました。

場面❶

A君 「先生、ちょっといいですか。あの、僕は地元に帰って就職しよう
　　　と思っているんですけど、なんか情報ないですかね」

先生 「それなら就職課に相談に行ってみるといいよ」

A君 「はあ。でも、なんか、いろいろ聞かれるとまだ決まってないん
　　　で、困ってしまうかもしれないですし……」

先生 「とりあえず就職課に行って、どんな仕事があるのか聞いてみると
　　　いいよ。就職課に情報がなければどうしたらいいか教えてくれる
　　　と思うよ」

A君 「そうですか。でも、地元の求人なんて、ないと思いますし……。
　　　他になんかいい方法ないですかね」

先生 「……思いつかんねえ」

A君 「そうですよね」

ここでの問題点

　この例では、A君はアドバイスをもらったことに対して、実行しようと
せずにあきらめてしまっています。相談にのっても動こうとしなければ、
相談にのった人はそれ以上相談にのろうという気持ちをなくしてしまいま
す。だめかもしれないと思っても、アドバイスをもらったことをやってみ
ることで、状況は変わっていきます。行動することは大事です。うまくい
かなかったら、また相談すればいいと思いましょう。

　ここでの問題点を整理すると以下の通りです。

①相談する前にあきらめる。

②相手の都合を聞かずに相談する。

③もらったアドバイスを全く実行しない。

④一度で相談することをあきらめてしまう。

⑤結果を報告しない。

>> コミュニケーションのコツ

では、順を追って、どのように相談をしたらよいかを見ていきましょう。

ステップ① 相談しようという意欲を持つ

相談する前に、「こんなことを相談してバカにされないか」とか「今ごろ相談しても遅いのではないか」など、いろいろ考えてしまって、相談する意欲がわかない場合があります。そんなときは、相談する意欲がわくように、考え方の工夫をしていきましょう。

例えば

①何もしないより、相談するほうが、ヒントがもらえてましだ。

②早く仕上げて遊ぼう。

③相談すれば、来月は楽になっている。

④自分が相談されたときは、頼りにされていると思って嬉しかった。

など、いろいろな考え方ができると意欲もわいてきます。本書の「こころのつぶやき」の項目を参考に、考え方の工夫をする練習をしていきましょう。

ステップ② だれに相談するか決める

相談する気になったら、すぐに行動しましょう。まず、誰に相談するか決めます。相談する相手として、まずは、身近な人を考えてみましょう。

115

例えば

①家族、友人
②同僚、上司、先輩

など、身近にいて、普段話す機会がある人がよいでしょう。まずは、普段の話の中で、気軽に話してみて、一緒にどうするかを考えてもらいましょう。

ステップ③ 最初に相談した人との話で解決しないときは、相談にのってくれそうな人を一緒に考えてもらったり、探してもらったりする

最初に相談してすぐ解決したらよいのですが、そんなときばかりとは限りません。あきらめず、ほかの相談できる人を探しましょう。どこかには答えてくれる人がいますから、あきらめずに見つけていきます。

ステップ④ 相談相手が身近な人でないときには、相手の都合を聞く

普段話をしない人に相談することになれば、まず相手の都合を聞く必要があります。「〇〇について、ご相談させていただきたいのですが、いつ頃お時間ございますか」など、相手の都合の良い日時を聞きます。

ステップ⑤ 相談したいことを具体的にまとめておく

相談するときは、相手の時間をとっていただくことになるので、具体的にわかりやすく説明できるように、相談したいことをまとめておきましょう。

例えば

①何についての相談か。
②困っていることはどんなことか。
③自分はどうしたいのか、自分の意見を考えておく。
④相手の意見を聞く。

など、あらかじめメモしておきましょう。

本書の「Ⅱ-03　上手に『質問』できていますか？」「Ⅱ-04　『賛成！』は丁寧に、はっきりと」「Ⅱ-05　意見が合わなくても恐くない」などを使って、相談してみましょう。

ステップ⑥ 相談してアドバイスをもらったことは、部分的にでも実行してみる

相談したことで、アドバイスをもらったとき、それをすべて言われたとおりにできないかもしれませんが、もらったアドバイスのできる部分だけでもとにかくやってみましょう。行動することで、困っていることの状況が変わってきます。もらったアドバイスの一部でも実行することが大事です。

ステップ⑦ やったことを踏まえて、再度相談する

できることをやってみて、結果を報告し再度相談します。次のステップとして、何をやればよいのかがわかってくる場合があります。また、今度はだれに相談するとよいかについてのアドバイスがもらえるかもしれません。繰り返し相談することで、相手との信頼関係ができますし、ネットワークが拡がります。

≫ 練習してみましょう

困ったときの相談の仕方について個人支援をする場合、支援者と学生で、実際練習をしてみると効果的です。

支援者と学生が個人で練習する場合は、最初は学生が話しやすいテーマで練習するとよいでしょう。例えば次のようなテーマがあります。

● どうしたら苦手な人と話ができるか。
● 書きたくないレポートを書き始めるための技について。

慣れてきたら、学生が本当に困っていることについて相談するのもよいでしょう。身近な人でない場合を想定して、相手の都合を聞く練習も入れてもよいと思います。

 （初級編）どうしたら苦手な人と話ができるか

　なかなか苦手な人と話ができず、そのために、グループワークなどをするときに困ってしまう。苦手な人とも、必要な会話ができるための方法を知りたい。

練習のやり方
①支援者と学生がペアになります。
②学生が相談する役になり、支援者が相談にのる役になります。
③学生は、困っていることを話し、苦手な人と話をするための方法をいくつか考えて話してみます。（5分）
④支援者は、思いつくことをアドバイスします。
⑤学生は、支援者のアドバイスに質問したり、やってみようと思ったことがあればそれを伝えます。
⑥感想を話し合います。必要なら再度練習します。

支援上の留意点
●できたところ、よかったところを伝える。
●改善できそうなところをお互いに検討する。
●再度練習し、できたらほめる、認める。

　この練習は、「Ⅱ-03　上手に『質問』できていますか？」「Ⅱ-05　意見が合わなくても恐くない」などを練習した後で行うとコミュニケーションの練習にもなります。

相談に慣れてきたら、身近でない人に相談するときを想定して練習してみるとよいでしょう。
　このとき支援者は相談者の意見とは違う意見を投げかけてみます。相談者は「Ⅱ-05　意見が合わなくても恐くない」を思い出して、会話の中で使う練習をします。
　話の最後にやってみようと思うことを伝え、感謝を伝えます。
　話し合いのテーマについては

- 自分がいま困っていることについて相談する。
- レポートについて、何を焦点に絞って書いたらいいか。

などのテーマを想像して具体的にまとめておき、相談するとよいでしょう。

（上級編）実際困っていることについて

▶ 練習のやり方
①支援者と学生が2人ペアになります。
②学生が話す役になり、支援者が相談にのる役になります。
③学生は、話す内容を具体的にまとめ、支援者の都合がいいか聞きます。
④支援者は今都合がよいということにして聴き始めます。
⑤学生は、自分がどうするかなど意見も入れて、相談してみます。
⑥支援者は、学生の意見と違う意見を言ってアドバイスします。
⑦学生は「Ⅱ-05　意見が合わなくても恐くない」を取り入れて相談を続け、アドバイスの中でやってみようと思ったことを伝えます。
⑧学生は相談にのってもらったことに感謝し、また相談にのってほしいことを伝えます。

> **支援上の留意点**

- できているところに焦点をあてる。
- 「できなかった」というところは具体的にどのようなところができていないと感じたのかを聴き、気がついたことをほめて、練習することでできるようになることを伝える。支援者側から見るとできていたと感じたら、そのことも伝える。
- 否定的な意見が出たときは肯定的な言葉に言い換えてコメントする。
  例「ちょっとアドバイスに反発してしまいました」
  ➡「意見が違うことも率直に話し合えましたね」
  「それでも相談を続けて、やろうと思うことを言えましたね」など。
- 最後に頑張ったことをねぎらう。
  「難しい課題でしたが、よくできていたと思います。困ったことは、黙っていると悩んでしまい、もっと困ることになりがちです。今回のように、早めに相談するとよいですね」など伝える。

練習③ (グループ編A)

〈場面❶〉の状況について話し合う。

グループで練習する場合は、まず、先にあげた〈場面❶〉に従って、支援者が学生役になり、1人の学生に先生役になってもらって、セリフを言ってもらいます。

その後、グループでこの相談のどこが課題か、話し合ってもらいます。

> **練習のやり方**

4～6人のグループで行う。(20分)

①記録者と司会役、発表者役を決める。
②支援者と学生のやりとりをみる。

③やりとりでうまくできている点を話し合う。

④やりとりが〈ステップ❶〉～〈ステップ❼〉のどこでつまずいているか話し合う。

⑤どういえばよかったのかを話し合う。

⑥発表する。

支援上の留意点

　支援者は、発表した内容の中で次のポイントに気づけていたことがあれば肯定的に伝えます。また、気づけたことがなかった場合でも、話し合ったことに対してねぎらい、ほめます。

ステップ❶について

　➡相談しようとしたことはよかった。

ステップ❷について

　➡誰に相談するか決めたことはよかった。

ステップ❸について

　➡このステップでは特になし。

ステップ❹について

　➡身近な人ととらえれば、特になし。（相手の都合を聞くと丁寧だった）

ステップ❺について

　➡身近な人ととらえれば、特になし。（問題をメモして自分の意見をまとめておけるとよかった）

ステップ❻、❼について

　➡アドバイスを実行しようとしなかった。

練習④（グループ編B）

　Aは大学3年生です。就職を地元でしたいと思っていますが、なかなか情報がなく、どこに相談に行ったらいいかわからず困っています。とりあえず、友達Bに相談してみました。

練習のやり方

　学生Aと学生Bがペアになります。

　①学生Aが相談役になり、学生Bが相談にのる役になります。
　②学生Aが相談します。
　③学生Bは、いくつかアドバイスを出します。
　④学生Aは、もらったアドバイスの中で、できそうなことがあればやってみることを伝えます。
　⑤学生Aは学生Bに相談にのってもらったことで礼を言い、また相談してもいいか確認します。
　⑥学生Bは快く応じます。
　⑦感想を話し合い、わからないことはメモして支援者に後で質問します。

支援上の留意点

　練習3での話し合いをもとに、学生同士で相談する練習です。ここでのポイントは

- 相談された学生は自分が考えられるアドバイスをいくつかあげること。
- 相談する学生は、あげられたアドバイスのどれができそうか考えて、やってみることを伝えること。

この2点にします。

支援者は、話し合った感想を全員に言ってもらいます。自信をなくしたり、難しく感じていたりする学生には、難しく感じて当然であること、練習していけば慣れることなど伝えます。

また、相談することによって相手に感謝する気持ちが湧いたり、相談されることによって頼りにされて嬉しい気持ちが湧いたり、相談する場合もされる場合も肯定的な感情が出ることを伝えます。さらに、相談することで、人とのつながりが増え、ネットワークが拡がることは、仕事においての財産になることも伝えておくとよいでしょう。

この章のポイント

困ったことがあったらすぐ相談することができると解決がはやくなります。小さな「困った」を、大きな「困った」にするまえに、こまめに相談するくせをつけておきましょう。相談することで、相手との関係ができ、信頼が生まれて、ネットワークも拡がります。相談することは、恥ずかしいことではなく、実は仕事において大切なスキルなのだということを、学生の間に学んでおきましょう。

ポイント

ステップ❶：相談しようという意欲を持つ。

ステップ❷：だれに相談するか決める。

ステップ❸：最初に相談した人との話で解決しないときは、相談にのってくれそうな人を一緒に考えてもらったり、探してもらったりする。

ステップ❹：相談相手が身近な人でないときには、相手の都合を聞く。

ステップ❺：相談したいことを具体的にまとめておく。

ステップ❻：相談してアドバイスをもらったことは、部分的にでも実行してみる。

ステップ❼：やったことを踏まえて、再度相談する。

08 ミスしちゃった！さあどうする？
ミスをしたときの謝り方

 **はじめに**

　間違いは誰にでも起こります。だからと言って、間違いは当然であるとか、仕方がないことで自分が悪い訳ではないのだから、と何もせずに放っておいたのでは、人間関係がいびつなものになっていってしまいます。

　ここでは、ミスをしてしまったときにどのように謝ったらよいのかについて、考えてみます。

　ところでミスとはどういうことを言うのでしょうか。ここでは次の2種類の失敗のことをミスということにします。1つは、決まったルール通りに行わなかった、つまり、やるべきことを手抜きした場合、もう1つは、うっかりミスで関係者に迷惑をかけてしまった場合です。

　決められた通り行ったのにうまくいかないということがありますが、これは決められたこと（ルール）自体に不備があった可能性があり、この場合は、ルール通りに行った人のミスとは言えません。時折、言われた通りやったのに結果がでないと、上司から「お前のせいだ」と怒られるケースがありますが、これは、怒っている上司の方が問題です。ミスとは、結果に対してではなく手順に関する失敗を言います（コラム参照）。

ミスとは、

- ルール通りに行わなかった場合の失敗＝やるべきことを行わなかったことによる失敗
- うっかり忘れ、思い違いによる失敗

ここではこのようなミスをしたときにどのように謝るとよいのかを考えていきます。

 ありがちなパターン

早速、学生生活の中で起こりそうな場面をみてみましょう。

場面①

　Aさんの所属するサークルでは、年に一度のOB・OG会が恒例行事となっています。サークルの公式行事は、行事担当者が所定の用紙に必要事項を記入し行事ファイルに入れ、それを見て各担当が必要な手配をすることになっています。今回は、会計担当のAさんが懇親会の会場（学内食堂）に予約することになりました。たまたま、別件で学内食堂に行ったため、ついでだからと思い、ファイルを確認せずに連絡会で言われた日程で学内食堂の予約を入れ、安心していました。
　OB・OG会前日、最終人数の連絡を学内食堂に入れると、明日の土曜日ではなくて日曜日で予約が入っていると言われてしまいました。その電話でのやりとりを聴いていた部長が状況を察し、「どうしたの？」ときくと、Aさんは、「明日の予約がとれていません」と言ったきり、頭の中が真っ白になり、どうしてよいかわからずにだまりこんでしまいました。

場面❷

　Bさんは、大学3年生です。今日はひさしぶりの休みなので家でゆっくりしています。すると、バイト先の店長から「今日、3時からシフトが入ってるのに、何やってるんだ！」と、電話がかかってました。Bさんは慌ててバイト先に行き、「頭が痛くて、吐き気もして……」と、遅れたことの言い訳を言い続けました。店長は「もういい！　帰れ！」とさらに怒ってしまいました。

　皆さんも、同じような場面を見たり体験したりしたことがあるかもしれません。具体的にどこが問題なのでしょうか。

ここでの問題点

①何も言わずに黙ってしまう。

　悪かったと思っていても、言葉で伝えないと相手には伝わらない場合が多いと思います。相手もいやな気持ちがしているからです。

②いろいろ言い訳を言う。

　「頭が痛くて」「具合が悪くて」など、自分のミスに対しての言い訳を最初にしても、気まずい雰囲気は残ります。また、誠実でない印象を与えてしまいます。

　では、ミスをしたときにはどのように謝るとよいのでしょうか。

>> コミュニケーションのコツ

1 自分のミスを認める

　まず、自分でも、確実に「これはミスだったな」ということについて非を認めて謝ります。状況説明はしてもよいでしょう。ただし、状況説明するときには、起きたことの流れを説明するようにします。「誰か他の人が悪かった」と、他者を責める発言を混ぜると、話が混乱してしまいます。

2 何を悪かったと思っているか、具体的に伝える

　「〜をしてしまって、すみませんでした」等、何が悪かったのかという認識を伝えることで、ミスの内容を理解していることが相手に伝わります。単に「すみません」を繰り返すだけでは、ミスをわかってないと思われてしまいます。

3 直接謝る

　大切なコミュニケーションは、メールではなく直接相手に伝えることが原則です。謝るときは、できるだけ相手に会って謝りましょう。相手に会いに行けないときは、電話で謝りましょう。メールで謝ると、思わぬ誤解を招くことがありますので、気をつけましょう。

4 今後の対応を示す

　ミスはミスとして謝った後に、今後どう対応するかを具体的に説明しましょう。こうすれば、解決に向けて進むことができます。また、真摯に考えていることが相手に伝わります。

> 解説

　では、上記のポイントを踏まえて、具体的に場面に沿って考えてみましょう。

解説 （場面❶）

　これは、Aさんが決まったルール通り行うことを怠ったケースです。この場合は、手順を怠ったことが原因ですので、言い訳をせずにはっきり謝りましょう。Aさんのように黙っていては、相手が怒ってしまいます。決まったルール通り（行事ファイルを確認の上、申し込む）行わなかったのはAさんの責任ですから、言い訳はできません。ただ、状況説明として、なぜそうなったのか説明することはよいでしょう。この場合ですと、

　　「確認せずに申し込んでしまったので、間違えたのだと思います。申し訳ありません。たまたま学内食堂に行く用事があり、自分が記憶していた日程で申し込んでしまいました。」

といった内容になるかもしれません。また、今後こういうことが起こらないように、具体案があるとさらによいでしょう。学内食堂への申込用紙をファイルと一緒に置いておくなど、運用上の工夫を相談することもよいでしょう。

解説 （場面❷）

　これは、うっかり忘れによるケースです。この場合は申し訳ないという気持ちを伝えることが大切です。だれにでも起こりうるミスとも言えます。ただ、だからと言ってやってはいけないことですし、ミス自体は元に戻ることはありません。済んでしまったことであり、直せないことです。はっきり謝りましょう。できれば、自分のせいで影響を受けた人のところへ直接謝りに行くことも有効です。どんな影響があったか質問をしてみるのもよいでしょう。（「Ⅱ-03　上手に『質問』できていますか？──質問の仕方」の項参照）。

>> 練習してみましょう

〈場面❶〉の状況を想定して練習してみましょう。
　ペアをつくり、部長とAさんの役割を演じてみましょう。
　部長の「どうしたの？」から始めます。Aさんはなんと言ったらよいでしょうか。

　　部長　　どうしたの？
　　Aさん

〈場面❷〉の状況を想定し、Bさん役と店長役になって、練習しましょう。
　Bさん役の人は、Bさんになったつもりで、バイト先に到着して謝ってみましょう。それに対して店長はどう答えるでしょうか。想像して対応してみましょう。

　　（店長からの電話で急いでバイト先に到着し、）
　　Bさん
　　店長

回答例

●練習❶のＡさんの例

「申し訳ありません。たまたま学内食堂に行く用事があり、連絡会で聞いていた日程で申し込んでしまいました」

他の言い方もいろいろ考えてみましょう。

●練習❷のＢさんの例

「すみません。シフトのこと、忘れていました。すぐ持ち場に入ります」
バイトが終わった後で「今日は、シフトを忘れてすみませんでした。これからは、朝必ず手帳をみて、その日の予定を確認します」

他にも言い方があると思います。また、店長役の人に、言われてどうだったか意見をきいてみるとよいでしょう。

支援上の留意点

謝ることが苦手な学生に対して

謝る場面について、身近な謝りやすい出来事を使って、練習していくとよいでしょう。

- 許してもらうために謝るのですが、許してもらえなかったとしても、自分自身がミスに対して誠実に対応し、区切りをつけて前に進むことも大事です。
- もしそのとき許してもらえなかったとしても、その後の態度で信頼を取り戻すことはできます。投げやりにならずに今後の対応に誠実に取り組むことが大事です。

グループワークについて

　ミスをしたときの謝り方について、学生同士がグループで練習をするのもよいでしょう。

　いろいろな謝り方を知るチャンスにもなります。

　学生同士で練習をするにあたり、お互いの感想を言うときなど、思わぬところで相手を傷つけてしまうことを防ぐために以下のようなルールをつくっておくとよいでしょう。

グループワークのルール

- ●ミスをしたときの謝り方に添って、練習する。
- ●話し合いでは、相手のできていたところを伝える。
- ●改善できそうな言葉はないか、お互いに探す。
- ●感想を言うときには、「私はこう思った」と、私を主語にして伝える。
- ●思いやりのある発言をする。

学生同士での練習の仕方　〈練習❶〉の場合

①2人一組のペアをつくります。

②部長とAさんの役割を決め、練習します。

③Aさん役の学生は、ミスをしたときの謝り方に添って謝ります。

④練習のルールに従ってグループのみんなで感想を話し合います。

⑤支援者が質問を受け、コメントをします。

支援者のコメントのポイント

- ●すべての学生に、うまく言えたところを伝えましょう。
- ●学生が恥ずかしがったり、うまく言えなかったりするときには、練習することで、できるようになっていくことを伝え、繰り返し練習していきましょう。

この章のポイント

　間違いを認め、謝ることで信頼感が生まれることもあります。失敗は成功の素といいますが、それには謝り方が非常に重要です。心を込めた対応をすることで、逆によい人間関係が築くきっかけとなる場合もあります。きちんと謝れる社会人となることは、結局自分にかえってくることになるでしょう。

　仕事では相手が許してくれたかどうかを気にするより、仕事のミスは仕事で返すことが大切です。まず謝って、その後はミスを取り返すべく仕事に真摯に取り組み、状況を解決していくことが相手から認めてもらう近道になるでしょう。

ポイント

①自分のミスを認める。

②何を悪かったと思っているか、具体的に伝える。

③直接謝る。

④今後の対応を示す。

コラム

ミスしたわけではないのに……

　ここでは「ミス」としてとりあげませんでしたが、手順に問題なかったもののうまくいかなかった場合とはどういうときでしょうか。

　例えば、日本代表として世界大会に臨み、メダルを期待されていたのに結果がでなかったといった場合が、これにあたります。選手が「申し訳ない」という言葉を口にしていますが、「周囲の期待に沿えず申し訳ない」ということです。練習を怠った訳ではなく一生懸命やってきたのに結果がでなかった、次回またがんばります、ということになります。謝るということではありませんが、練習方法などいろいろなことを見直していくことになるのではないでしょうか。

　また、言われた通りに業務を行ったが、思うような結果がでなかったということもよくあります。このように、ルール通り行ったが想定外の結果となってしまった場合、本人の責任というより、むしろルール自体に問題がある可能性があります。この場合はルールを見直すことが必要となります。もし、上司に頭ごなしに「だめじゃないか」と怒られた場合は、「Ⅱ-05　意見が合わなくても恐くない──意見が違うときのやりとり」「Ⅱ-06　なるほど、そうきましたか──自分の意見を否定されたときの受け答え」などを参考に、上司とじっくり話し合い、提案できるとよいですね。

133

09 根回し、超大事
会議を成功させるコツ

≫ はじめに

　仕事は、人と人との関係で成り立っています。社内では会議や他部署との相談、担当者同士の打ち合わせ、社外的にも相手企業や顧客との打ち合わせや交渉などがあり、様々な人といろいろな場面で接します。

　様々な人には、それぞれの立場や考えがあります。同じ企業の中で同じプロジェクトに関わっていても、部署が違えば、「どちらが業務を行うか、責任を持つか」といったことで利害が対立しますので、スムーズには話はまとまりません。社外の人との調整、交渉では、お互いの利害が対立するのは当然です。

　関係者の間で意見が食い違っている問題について、会議の前に、意見の調整、提案の修正などの段取りをすることを「根回し」といいます。根回しをうまく進めることが、「調整」です。根回しや調整によって、会議での話し合いが、より建設的に、円滑に進みます。会議の場でのもめごとも避けられる可能性もあります。

Q1 なぜ根回しや調整が必要なのでしょうか？

　根回しや調整が必要なのは、会議には時間的な制約があるからです。正式な会議できちんと意見を戦わせることは重要ですが、検討しなければいけない要因が多数あったり、意見の食い違いが大きい場合は、話し合いが長引き、限られた時間の中で結論が出なくなってしまいます。会議で決定できなければ業務が遅れますし、そうかといって頻回に臨時の会議を行う訳にもいきません。予定した会議の時間を大きくオーバーしたり、結論が出せないまま終わらないように、根回しや調整を行うのです。

≫ 「根回し」とは、どういうこと？

Q2 「根回し」にどういうイメージを持っていますか？

　「根回し」と聞いて、どんなイメージが湧きますか。利己的なかけひき、下工作とか談合といった、不正なことというネガティブなイメージを持っていませんか。きちんとした根回しとは、事前に関係者と相談して、意見を調整したり、提案を修正したり、考えをすり合わせることで、準備して

135

物事を進めるための方法ですから、プラスの働きがあります。

　「根回し」は、植物を扱うときの用語で、植物の移植がうまくいくように、数カ月かけて、根の周囲一定の範囲掘って、露出した細い根は切断し、太い根は皮を剥いで、再び土をかぶせて新しく細い根を発生させる方法を言います。これによって移植の傷みを防ぎ、植物がよく根づくのです。英語でも「コンセンサス・ビルディング（Consensus Building）」という言葉があります。建設的な合意形成のために、お互いの意見をすり合わせるという意味です。ですから根回しとは、正式な会議での話し合いが有意義に進むための事前の準備と考えればよいでしょう。

▶▶ 根回しや調整をするときのコミュニケーション

　企画・実施に関連する社内の調整や、社外的な様々な要求やクレームなどへの対応といった職務では、「板挟み」が起きます。例えば、人事部で社員の採用や配置換え、人事異動を行うときには、いろいろな部署の間の異なった要求の調整をしなければなりません。営業活動をするときには、価格交渉、クレーム対応などで、顧客の言い分と社内の部署との調整が必要となります。

　調整を行うためには、自分の意見と（「仲を取り持つ」調整の場合は、自分ではない関係者の意見の場合もあります）その根拠を別な関係者に伝えなければなりません。意見のもとになる根拠には、例えば製品の売り込みの場合を例にとると、価格、品質、納期、購入後の維持費用など、いろいろな要素が関わってきます。

　根回しや調整を行うためには、以下の手順が大切です。

　　①企画案や提案に関する情報を共有します。
　　②意見が食い違っている点を明確にし、お互いの考えを整理します。

③意見の食い違いのもとになっている根拠について説明し合います。

　このようなプロセスを会議の場で丁寧に行おうとすると、企画や提案に関する情報を説明するだけで多くの時間をとられてしまいます。その結果、議論する時間が十分にとれず、次回へと持ち越しとなってしまうかもしれません。

　会議で大事なことは、正確でレベルが高い話し合いを行い、参加者が納得できる形で、決定が行われることです。そのために、会議に先だって、主な関係者に企画案や提案を示し、根回しや調整を行います。根回しや調整の中で、疑問や意見がまとめられ、企画や提案を修正する場合もあります。

　調整を行うときには、意見を明確に相手に伝えると同時に、意見の根拠や考え方を、なるべく詳しく伝えることが大切です。お互いの意見の違いの元になっている根拠について、多面的に情報を交換することによって、関係者の感じ方や考え方が柔軟になります。相手の根拠を聞いて、感じ方や考え方が柔軟になり、妥協する余地が生まれることが、根回しによる調整のベストな結果です。

　妥協する余地が生まれないときの1つの方法として、中間点を妥協点にするという考え方もあります。「中をとって妥協しませんか」という調整です。中間点での妥協も成立しない場合の最終的な方法は、決定権のある人による正式な会議における決定です。このときには、決定権のある人に、関係者の意見、意見のもとになっている情報を伝え、決定権者が、異なった意見について、正確に理解し、それぞれの長所、短所を把握した上で決定できるようにすることが大切です。

　ものごとがこじれたときに、決定権者が明確な判断を示せないと、業務が停滞し、混乱を招きます。根回しや調整をする人は、関連する重要な情報を、会議前、そして会議中に決定権者に伝え、そのうえで、決定権者が決定を行えるようにします。

　調整をうまく進めるためには、日頃から職場の雰囲気や人間関係などを知り、人となりや考え方の傾向、得意分野などを知っておくとよいでしょ

う。意見が食い違っているときに、その根拠を理解し、可能な妥協点を探るためには、人となり、考え方の傾向、得意分野など、根回しの対象になっている問題と一見関係のないことについての情報が役立つことがあります。

実際に「根回し」をするときは、誰からどういう順に話を持っていくかについて考えることも必要です。最初は自身に最も近い上司に、「助言をお願いします」「アドバイスをいただけますか」など、意見をきいて、企画段階から助言をもらい、指導を受けながら進めると良いでしょう。「まだ企画段階で、他に相談していないので、ご指導をお願いします」などと協力をお願いしましょう。

次に、このことで最も負担を強いられるような人や賛成をしてくれそうな人たちに誠意を持って説明して、評価・感想を聞きましょう。気がつかなかったことを気づかされたり、発想が広がったり、アイデアが生まれたりします。さらにその人たちに影響力を持つような立場の人の意見も聞き、参考にしましょう。このような手続きで、具体的な企画・提案をまとめられたら、判断をつけられない人たちや関連する人たちにも説明して、理解と賛意を得て協力をお願いしましょう。そして反対勢力と思われる人たちに丁寧な説明をして相手の疑問点や主張などを明らかにして、妥協点を検討することが必要です。

Q3 調整とは何でしょう

調整力は、関係者がそれぞれに納得して合意が得られるように人間関係をまとめる機能といってもよいでしょう。自分やある関係者の判断とその根拠を相手に伝え、相手の考えを聞きます。正式な会議の前に、多少時間

をとって、こういった準備をしておくと、会議での議論の有効性が上がり、有意義な形で結論を出しやすくなります。決定権者が決定を下す場合でも、関係者が、「すべての情報が話し合われた上での決定だからやむをえない」と納得することができます。

根回し・調整の副作用を防ぐために

では、根回しや調整を行うことによって、まずい事態、副作用が起きることはないでしょうか？

根回しが、不正の下工作と思われてはいけません。例えば、公募制のコンクールやコンテスト、オーディションなど、公平性が求められるイベントの場合には、選出にあたって、根回しや調整を行ってはいけません。そうでないと、「出来レース」と受け取られてしまい、選考過程に疑惑が残ります。さらにイベントそのものの評判や信用が落ちます。公募制のイベントでは、評価・選考の公明正大な透明性が大切であって、根回しや調整をしてはいけません。不正というほどではなくても、根回しや調整を行っている提案の結果が、「一部の人たちだけに恩恵をもたらす」「偏った利益をもたらす」と思われると、根回しや調整がかえって、事態を混乱させます。

根回しや調整は、普通、会議に出席する人の一部を選んで行います。これは、対象となる人の数が増えれば増えるほど、根回しや調整に要する、手間や時間が増えるからです。そこで、提案に関連性が深い人を選んで根回しや調整を行うことになります。このときに大切なことは、根回しや調整で得られた情報については、正式な会議で報告し、出席者全員で情報共有することです。そうでないと、「自分たちは決定プロセスから外され、カヤの外に置かれたまま決定が行われた」といった反発が出ます。根回しや調整で得られた情報について質問や意見があれば、会議で発言できる機会を確保することは、会議での決定プロセスの公正性を保証するために大切です。

Q4 根回しが不正と思われる、具体的な場合を考えてみましょう。

この章のポイント

「根回し」で、仕事の効率化を図る
①企画案や提案に関する情報を共有します。
②意見が食い違っている点を明確にし、お互いの考えを整理します。
③意見の食い違いのもとになっている根拠について説明し合います。
④妥協する余裕が生まれたか確認します。
⑤中間点での妥協が可能か確認します。
⑥会議の場での決定権者による決定を依頼する場合は、関連する情報を整理して提供します。
⑦「根回し」をうまくするためには「人間関係」を大切にします。

10 私の伝えたいこと
提案の仕方

>> はじめに

　私たちは、物事を進めたいときやアイディアを出したいときなどに自分の意見や解決方法を提案します。その提案を周囲に受け入れてもらい、納得してもらうためには、工夫が必要です。ここでは、提案の仕方について学びます。

　提案したけれど、受け入れてもらえなかったという経験がありませんか。まず最初に、提案を受け入れられなかったときの具体例についてみていきましょう。

>> ありがちなパターン

場面❶

　経済学部2年生のゼミの授業をしています。ゼミ長のAさんが、ゼミで行いたい企画を考えました。Aさんは、「ゼミで商品開発をしてみたい。例えば、農家と提携し、大学のオリジナルの日本酒をつくって売ってみたいです」と発言をしました。教員から「労力を使ってまでなぜやりたいのか」と問われましたが、Aさんは、言葉に詰まってしまいました。また、同級生のBさんとCさんからも「どんなメリットがあるのか」と聞かれましたが、Aさんは考えがまとまらず、言葉にできませんでした。

場面❷

　演劇部の部長に大学1年生のH君が強化合宿をしたいと提案しました。部長は「なぜ合宿をしたいのか」と尋ねましたが、H君は、「もっと練習したい」としか答えられませんでした。その結果、みんなの日程を合わせるのが難しいと部長にあっさり却下されてしまいました。H君は、良いお芝居をしたいと考えているメンバーが少ないと思って、とても悲しくなりました。

みなさんは、このような状況を経験したことがありませんか。自分のアイディアがうまく人に伝わらなかった、提案しても却下されて落ち込んだ、などという経験です。

さて、では上記の場合、どうしてうまくいかなかったのでしょうか。それには、いくつか理由が考えられます。

ここでの問題点

● 提案する目的がはっきりしていなかった。
● メリットを説明できなかった。
● 具体的でなかった。
● 相手に興味関心を持たせることができなかった。

せっかく良いアイディアや熱意があっても人に伝わらなければ、実行されません。それは、とても残念なことだと思います。ですから、提案が受け入れられる方法を知っておくことや、次のように、提案するときのNGを理解しておくことが大切です。

　　● 目的を説明できない。
　　● 具体的な提案ができない。
　　● メリット・デメリットが説明できない。
　　● 問題点を解決する方法がわからない。

こういったNGがあると、提案を受け入れてもらうことが難しくなります。では、どのようにしたらスムーズに提案が受け入れられるのでしょうか。一緒に考えていきましょう。

>> コミュニケーションのコツ

提案のポイント

①新しい意見を出す。

②目的を伝える。

③メリットとデメリットを伝える。

④反対意見を受け入れ、新たな提案をする。

⑤問題解決につながる具体的な方法や意見を出す。

⑥実践可能な方法を段階的に伝える。

⑦簡潔にまとめる。

⑧役割分担を明確にする。

⑨相手にやってみようと思わせたり、希望を持たせる。

⑩全ての人が賛成してくれる提案はないことを理解しておく。しかし、7割～8割が賛成であれば実行してみる。

〈場面❶〉の状況（大学のゼミの授業中の出来事）で、上記のポイントを踏まえてAさんが提案できると、以下のような展開が可能になるかもしれません。

解説

先生　これから1年間このメンバーでゼミをやっていきます。今年は、例年とは違うことをしたいと思っています。みなさん、1年間、このゼミでどのようなことをしたいですか。何か良いアイディアはありますか。

Aさん　みんなで企画をして、商品開発をしてみるというのはいかがでしょうか。例えば、農家と提携し、大学オリジナルの日本酒をつくって売ってみたいです。少し長期間になると思いますが、どうでしょ

うか。……①新しい意見を出す。

Bさん　そんな大それた企画が自分たちにできるのでしょうか。そこまで
　　　　時間を割いて熱を入れられるかな……。

Aさん　そうですね。でも、僕たちはマーケティングの勉強をしてきまし
　　　　た。商品を開発し、販売することがどういうものなのか、経験し
　　　　てみたくないですか。……②目的を伝える。

Cさん　確かに商品開発や自分たちの手で販売するのには興味があります。
　　　　しかし、そこに費やす時間やお金はどうするのですか。そこまで
　　　　やって自分たちに一体、どのようなメリットがあるのですか。

Aさん　はい。農家でつくったお米がどのような工程を得て日本酒になっ
　　　　て販売されるのか知りたいと思いませんか。その工程を知ること
　　　　で、感謝をしてお酒を飲んだり、食事ができるようになるかもし
　　　　れません。それだけではなく、大学生活で取り組んだこととして、
　　　　就職活動でも話ができると思います。多くの人が興味関心を示し
　　　　てくれるのではないでしょうか。また、商品開発の経験をしてお
　　　　くと、様々な知識が身に付き、もしかしたら、就職したときにも
　　　　役に立つかもしれません。大変なこともあると思いますが、自分
　　　　たちのオリジナル商品が完成したら、とても感動すると思います。
　　　　……③メリットを伝える。⑨相手にやってみようと思わせる。

Cさん　なるほど、なるほど。

Bさん　そうかあ。うん。

Aさん　確かに、多くの時間が必要ですし、その過程は大変手間が掛かる
　　　　でしょう。みんなで集まる時間も必要です。しかし、なるべくス
　　　　ムーズになるように、まとめ役、情報の確認、製造法の検討、農
　　　　家との接触など役割分担を明確にして、1人1人の負担が少ないよ
　　　　うに企画したいと思っています。先生、お金は研究費で出して頂
　　　　けますか。……③デメリットを伝える。④反対意見を受け入れ、
　　　　新たな提案をする。⑧役割分担を明確にする。

先生　　予算はありますが、全額とまではいかないかもしれません。見積

もりを出してください。足りないときはどうしますか。

Aさん　はい。見積もりを出してみます。なるべく、低コストで抑えられるように計画をしますが、もし万が一足りなくなったら、少し個人負担になるかもしれません。なるべく、少額に設定したいと思いますが、みなさんいかがでしょうか。……⑦簡潔にまとめる。

Dさん　はい。賛成です。大学時代の思い出に何かしたいと思っていました。低コストでできるのであれば、少し負担をしてでもつくってみたいです。

Cさん　そうですね。やってみたいですね。

Aさん　ありがとうございます。なるべく、皆さんに負担が掛からないように計算をしてみます。農家さんのお手伝いをして、お金を稼ぐというのも方法のように思います。そちらも合わせて計画をしてみますね。……⑤問題解決につながる具体的な案を出す。

Bさん　それは、とても良いアイデアだと思います。

Aさん　ありがとうございます。日本酒ができたら、和食のレストランに期間限定で置いてもらえるように交渉するというのはいかがでしょうか。……⑥実践可能な方法を段階的に伝える。⑨相手に希望を持たせる。

Cさん　いいですね。美味しいお料理と一緒に飲んでもらうことで、幸せな気分になってもらって、僕たちも感動するかもしれないですね。

Aさん　そうですね。つまり、この企画は、僕たちの大学生活の貴重な思い出になるかもしれません。そして、社会に出るための大事な経験になるのではないかと思います。みなさん、この企画を一緒にやっていただくということでよろしいですか。

全員　はい。もちろんです。楽しみです。みんなでやってみましょう‼

Aさん　ありがとうございます。それでは、この企画を進めていきましょう。……⑩8割程度が賛成であれば実行してみる。

>> 練習してみましょう

〈場面❶〉の状況を使ってロールプレイを行う。

▶練習のやり方
①ありがちなパターンの〈場面❶〉を使って、支援者と学生とで役割を決めて読み合わせ（ロールプレイ）を行う。
②〈解説〉を使って、同様にロールプレイを行う。
③学生に感想を話してもらう。
④支援者側は、良かった点と改善点を伝える。
⑤再度、ロールプレイを行う。
⑥学生に感想を話してもらう。
⑦支援者側が気づいた点をアドバイスする。

〈場面❷〉を使って、良い提案例を実践してみる。

▶練習のやり方
①ありがちなパターンの〈場面❷〉を使って、支援者と学生とで役割を決めて読み合わせ（ロールプレイ）を行う。
②良い提案の仕方をするとどうなるか、簡単に話し合う。
③話し合いをもとに、実際に良い提案をするロールプレイを行う。
④学生に感想を話してもらう。
⑤支援者側は、良かった点と改善点を伝える。

⑥再度、ロールプレイを行う。

⑦学生に感想を話してもらう。

⑧支援者側が気づいた点をアドバイスする。

▶グループワークについて

　就職活動説明会などを行う場合に、取り入れてみてください。ここでは、グループ支援を行う場合のポイントを説明します。ロールプレイの時間は、20分程度かかります。時間があれば、最後にグループ毎に感想を発表してもらうとよいでしょう。

▶グループワークの進め方

①学生同士のグループ（3～4人程度）をつくります。

②〈場面❷〉を使ってロールプレイを行います。

③H君役1名、部長役1名、他は観察者役です。

④それぞれの立場からロールプレイの感想を話します。

⑤良かった点、改善点について話し合います。

⑥改善点を踏まえて、同じ役で再度ロールプレイを行います。

⑦それぞれの立場からロールプレイの感想を話します。

⑧支援者からのアドバイスを伝えます。

　ポイントを押さえて提案することで、結果が変わってくるのではないでしょうか。提案をしたいときには、ポイントを押さえて事前準備をすると良いでしょう。

この章のポイント

よい提案のポイントを整理しておきましょう。

ポイント

①新しい意見を出す。

②目的を伝える。

③メリットとデメリットを伝える。

④反対意見を受け入れ、新たな提案をする。

⑤問題解決につながる具体的な方法や意見を出す。

⑥実践可能な方法を段階的に伝える。

⑦簡潔にまとめる。

⑧役割分担を明確にする。

⑨相手にやってみようと思わせたり、希望を持たせる。

⑩全ての人が賛成してくれる提案はないことを理解しておく。しかし、7割〜8割が賛成であれば実行してみる。

10　私の伝えたいこと

> **コラム**

提案力を磨こう

　もう1段階ステップアップした提案の仕方について見ていきます。

●ビジネス場面での状況を想像してみましょう

[状況]

　あなたは、コンビニエンスストアを経営している大手会社の商品開発担当の会社員です。会社で新商品開発の企画をプレゼンテーションすることなりました。

あなた　本日は、新商品の企画を発表させていただきたいと思います。私が考えたのは、有機野菜を使った「ヘルシー弁当」と「お子様ランチ」です。女性やお子さん向けの商品になります。この新商品開発の目的は、「主婦にも休日をつくること」です。お母さんがときどき家事をお休みして、身体を休められるようにと思い、考えてみました。

上司　なるほど。でも、主婦は家事を休みたいと思っているのですか。

あなた　はい。ここにアンケート調査の結果があります。休日が欲しいと願っている主婦は約半数です。

そのうち、休憩したい家事は、「食事づくり」が約80％となっています。主婦が買いやすいお弁当があれば、少しでも休むことができると思います。これまでのコンビニには男性が好むお弁当はありますが、女性が好むお弁当が少ないと思います。また、お子さんが食べられるようなお弁当も少なく、それをセットで売ることで主婦層の関心を高められるのではないかと思います。

上司　なるほど。それは、とても良いアイディアですね。ただ、肝心の売り上げはどのくらいになると予測していますか。

あなた　はい。食材は、有機野菜を使ったり、お子さんが安全に食べられるように良い食材を使いたいと考えていますので、費用は多少かかります。そこで、期間限定商品として売るという方法を考えてみました。限定品にして旬の食材を使うことで、通常のお弁当の1.3倍の売り上げを見込んでいます。

上司　では、売り上げはあるということですね。他にどんなメリットとデメリットが考えられますか。

あなた はい。主婦がコンビニを利用してもらうためには、宣伝が必要だと思います。ただし、売り上げの結果が良ければ、お弁当の中身を変えて第2弾、第3弾と違う種類のお弁当を提供していくというのはいかがでしょうか。わが社に新鮮なイメージも付きますし、主婦やお子さんも楽しみにしてくれるのではないかと思います。

上司 そうですね。とても良いアイディアだと思います。それでは、この企画を進めてください。

あなた はい。ありがとうござい

ます。

● **よい提案のポイント（ステップアップ編）**

• 新しいアイディアを出す。

• 根拠を示す。例えば、アンケート調査をしてその結果を踏まえて説明する。

• 予測されるデメリットは、丁寧に説明し、その上で判断を仰ぐ。

• 問題があるときには、解決のアイデアも提案する。

• 予測される結果を示す。

• 期待される成果を示す。

11 人生はスケジュール
スケジュール管理のやり方

▶▶ はじめに

　遅刻が多い、レポートの提出が間に合わない、試験はいつも一夜漬け、何かと忙しく過ごしていたのに、ふりかえってみたら実りのあることは何もできていない、自分の時間が全然ない、というようなことはありませんか？

　これらはスケジュール管理と密接に関わる問題です。上手にスケジュール管理をすることで、こうした問題が解決し、さらに自分らしい、満足できる生活を送ることができます。この章ではスケジュール管理の方法を学んでいきましょう。

▶▶ ありがちなパターン

　A君は大学3年生です。居酒屋でアルバイトをしながらサークルで活動しています。講義のあとアルバイトやサークル活動の練習があり、帰宅が10時くらいになることもあります。帰宅後、テレビをみたり、スマホをいじっていて、寝るのが午前2時ごろになってしまうこともあります。そのため午前中の講義にはよく遅刻し、3回ほど欠席してしまっています。ある先生から「あと1回欠席するか、2回遅刻をしたら単位はとれないよ」と警告されてしまいました。

定期試験が近づいてきているので、講義の復習やレポート作成にも取り掛からなければならないのですが、試験勉強もレポートの作成もほとんど進んでいません。そのうえ、あと数カ月で就職活動が解禁されるというのに、SPI（就職活動で企業が実施する適性検査）対策も企業研究も業界研究も資格試験の勉強も、何一つ手がつかず、焦りは募るばかりです。でも、誰にも相談できません。

休日には「今日一日で完ぺきなレポートを３つ書き上げて、試験勉強もして、SPI対策もやる」と意気込みますが、膨大な「やるべきこと」をいざ目の前にすると「全部終わらせるのはとうてい無理」という気持ちが湧き上がってきます。そしてスマートホンをいじったり、見たくもないテレビを見てしまいます。一日の終わりに、数行しか書けなかったレポートと、開くことすらできなかった教科書を前に、A君は途方に暮れていました。

結局、レポート提出前日に徹夜をして、レポート３本を書き上げたものの、そのうち１本は提出期限に半日遅れたため、教授に受け取ってもらえませんでした。５つの試験のうち３つではなんとか「可」で単位がとれましたが、２つの試験では「不可」となってしまいました。４年になったら就職活動が忙しくなるというのに、もう一度講義に出て単位を取り直さなければならないことを思うと、「こんなことになるなら、もっと早くやっておくのだった」と暗澹たる気持ちになるのでした。

≫ スケジュール管理のコツ

❶ 活動記録表で、自分の一日を「見える化」しよう

せっかく書いたレポートが間に合わずに受け取ってもらえなかったり、単位を落として最初からやりなおしになってしまったりするのは、とても非効率的です。「忙しい、時間がない」と言いながら、余計に自分を忙しくしてしまっているようなものですね。

また学生時代は「単位を取り直せばよい」ですみますが、社会人になっ

てからはそうはいきません。遅刻をしたり、仕事の締め切りに間に合わなかったりすることは、人からの信頼を失うという取り返しのつかない不利益をもたらします。また期限ぎりぎりになって「やっつけ仕事」をすると、ミスがあったり、自分の力を十分に発揮できなかったりして、あとから後悔することにもなりかねません。

やるべきことがたくさんあるときに、それらを確実に行い、充実して満足できる毎日を送るためには、スケジュールの管理を上手に行う必要があります。そのために最初に行うべきことは、「自分の一日の過ごし方を振り返ってみること」です。A君も自分の一日を「見える化」すると気がつくことがたくさんあるでしょう。（「コラム　活動記録表の使い方」を参照）

② To do Listを作成しよう

スケジュール管理がうまくいかない人のなかには、「やりたいこと」や「やるべきこと」はたくさんあるのに、思うようにこなせない、またどこから手をつけたらよいのかわからない、という人もいます。このような状況では、To do Listを作成し、課題を一覧にしていつでも眺められるようにすることが役立ちます。

To do Listはつくって満足するだけでは、何の役にも立ちません。大切なのは、簡単に作成できること、一覧表になっていること、頻繁に見ることです。今優先的にやるべきこと、少し時間ができたときに、その時間内でできることがすぐにわかるからです。

そのため、毎日必ず見るリストをつくることが重要です。スマートホンを頻繁にいじるクセのある人はスマートホンに作成しても良いですし、毎朝一番に牛乳を飲む人は、冷蔵庫の扉に貼っておいてもよいかもしれません。

そして終わった課題は必ず線を引いて消しましょう。まだ終わっていないやるべき課題が明確になることに加え、「自分はこれだけのことを終わらせたんだ」という達成感も出るでしょう。To do Listがあれば、A君もやらなければいけないことを、はっきりと再認識できるでしょう。

❸ すきま時間を上手に使おう

　To do Listの作成をするときは「簡単で短時間で終わらせることができるもの」を分けてリスト化しておくとさらに効果的です。ちょっとしたすきま時間ができたときに、テレビをみたり、スマホをいじるのではなく、このリストをこなすことで、大切だけれども短時間で終えられることを上手に終わらせることができます。

　一日の中で、ちょっとしたすきま時間はたくさんあります。この時間を有効に使えると、スケジュール管理が容易になります。

　ただし、すきま時間に重大でプレッシャーのかかるような活動を行ってはいけません。単純なこと、さっとできることを行うようにしましょう。

❹ 先延ばし傾向に挑戦しよう

　ぎりぎりになるまで課題に手をつけない、締め切りに間に合わせるために徹夜をする、プレッシャーを感じると、なぜかテレビやインターネットを見たりしてしまう、締め切りに遅れたことがある……。こうした傾向に気づいた人は「先延ばし傾向」があるかもしれません。先延ばし傾向を克服するには、次のアドバイスが有用です。

① 人に相談する

　難しい課題やプレッシャーのかかる課題を先延ばししてしまう背景には「課題が難しくて、どうしてよいかわからず困っている」ことが良くあります。「これは難しいな」と気づいたら、何がわからないのか、何を困っているのかを明確にして、できるだけ早く人に相談しましょう。A君はあまり人に相談せず、問題をかかえてしまっています。

② 分割して取り組む

　やり方はわかっているのだけれども、どこから手をつけて良いかわからない、というときには、短い時間でも取り組みやすい要素に課題を分解することがお勧めです。たとえばA君がなかなか取り組めなかった「レポー

トを書く」という活動でしたら、(a) 図書館にいって参考文献を探す、(b) 参考文献を一章読む、(c) レポートの最初の一節を書いてみる、(d) 一段落書いてみる、(e) 一章書いてみる、(f) 最後まで書いてみる（最初から良いレポートにしようと意気込みすぎない）、(g) 推敲する、というように少なくとも5段階にわけることができます。

③ 悪い完ぺき主義をやめる

　先延ばし傾向をする人の中には、完ぺき主義が悪い方向に作用してしまっている人がいます。「完璧にできなければいけない」と考えて、なかなか手がつけられなかったり、取り組むことに不安が強かったりするのです。

　完ぺき主義は悪いことばかりではありません。完ぺき主義が良い方向に作用すれば、がんばれたり、できるだけ良いものをつくろうとするモチベーションにもなるでしょう。それでは悪い完ぺき主義はどのようにしてやめたらよいのでしょうか？

　大切なことは、完璧ではない自分を認めて、早く人に相談することです。そうすることで、必要な支援ができます。人はあなたにできないことがあったり、最初から完璧に課題がこなせなくても、決してあきらめる必要はありません。

　悪い完ぺき主義に振り回されて、約束を破ったり、人の信用を失う行動を繰り返していると、いつか人が離れていってしまうかもしれません。

この章のポイント

　いかがでしたか。Ａ君はその後、電車の中の時間をレポート課題の本を読んだり、資格の勉強に役立てるなど、有意義に使えるようになり、就職活動に向けて少しずつ準備を進めることができるようになりました。自分の活動を記録してみると、気づかなかったクセに気づいたり、今この瞬間にやらなければならない課題が明確になったり、自分が大切にしたい重要な事柄はなんであるかをあらためて考えることができるなど、よいことがたくさんあります。ぜひ皆さんも試してみてください。

ポイント

スケジュール管理のやり方
①活動記録表で、自分の一日を「見える化」しよう
②To do Listを作成しよう
③すきま時間を上手に使おう
④先延ばし傾向に挑戦しよう

コラム

活動記録表の使い方（160 〜 161ページの例を参照）

●活動記録表を書いてみよう

まず「典型的な平日の一日」を思い浮かべてください。次に、その日、自分がどのような活動をどのくらいの時間をかけて行っていたのかを思い出せる限り活動記録表に記入していきましょう。スマートホンをいじっていた、なんとなくテレビを見ていた、などの時間についても詳しく書き出してみましょう。

このように一日の過ごし方を「見える化」してみると、自分の行動のクセやパターンが見えてきます。

●活動記録表をつかって相談してみよう

さて活動記録表が書けたら、何が課題になっていて、どこを変えると、スケジュール管理がもっとうまくいくのかを検討していきましょう。自分1人ではなかなか客観的に見ることが難しいので、大学の職員など第三者にも見てもらい、スケジュール管理の改善方法を具体的に考えていきましょう。

課題による解決方法には、以下のようなものが考えられます。

- なぜかいつも遅刻してしまう
  ➡ 家を出てから目的地につくまで何時間何分かかるのかを計算し、間に合うためには何時に家を出る必要があるのかを明確にしましょう。このときバスが予定通りにくる、渋滞がない、電車の接続が完璧にうまくいく……といった「最短時間」ではなく、「平均時間」に10分ほどプラスした時間としましょう。何かのトラブルや交通機関の遅延などがあっても、時間通りに目的地につくことができるでしょう。

- ネットサーフィンやゲームなどで夜更かししてしまっていつも寝不足
  ➡ 睡眠覚醒リズムが崩れてしまっている可能性があります。睡眠覚醒リズムの崩れは、日中の集中力や作業効率を下げるだけではなく、うつ病性障害や不安障害のリスク要因となりえます。

  崩れたリズムを立て直すときは、まず「起きる時間」を調整しましょう。前日の夜にどんなに遅くまで起きていても、毎朝

きまった時間にアラームをセットし、毎日同じ時間に起きるようにします。そうするとその日の夜は早く眠くなりますので、睡眠時間がどんどん後退していってしまうことを防ぐことができます。

活動記録表 例

令和元年　6月10日〜6月16日
氏名　××△△

時間	6月10日 月曜日 活動内容	状態	6月11日 火曜日 活動内容	状態	6月12日 水曜日 活動内容	状態
1:00	睡眠		睡眠			眠れない
2:00		目が覚めた				
3:00						
4:00		目が覚めた			睡眠	目が覚めた
5:00						
6:00		眠い				
7:00	朝食			寝坊した		
8:00	通学		通学	疲れた		
9:00	授業		授業			寝坊
10:00		難しい		突然指された	通学	
11:00		頭痛		緊張		遅刻
12:00	昼食		昼食	下痢		最悪
13:00	授業		授業	分からない	授業	
14:00		分かった		不安		分からない
15:00		うれしい				肩こり
16:00	新歓準備	大変				友達と言い合い
17:00			部活	大変		
18:00	新歓	忙しい		失敗ばかり		
19:00					帰宅	へとへと
20:00	帰宅	へとへと	帰宅	疲れた	スマホ	
21:00	夕食	ほっとした	夕食	おいしかった		
22:00	TV	面白かった	ライン	うれしい	夕食	一人で
23:00	スマホ				シャワー	
0:00	シャワー		翌日準備		ゲーム	面白い

160

6月13日		6月14日		6月15日		6月16日	
木曜日		金曜日		土曜日		日曜日	
活動内容	状態	活動内容	状態	活動内容	状態	活動内容	状態
ゲーム	やった！	↑		↑		シャワー	
	眠れない			ゲーム			
↑		睡眠				↑	
	目が覚めた						目が覚めた
睡眠				睡眠		睡眠	
	目が覚めた						目が覚めた
↓							
		朝食	よく寝れた				
	寝坊	通学				朝食	
通学	眠い	↑授業				通勤	
↑	動悸		面白い	朝食			
	課題が嫌	昼食	おいしかった	ごろごろ			怒られた
	言い合い		発表できた				落ち込んだ
授業	授業が長い	授業		昼食		バイト	
	疲れた						頭痛
	分からない			スマホ			早く帰りたい
	へとへと	部活	うまくできた	レポート	大変		
↓			面白い	ごろごろ	だるい		イライラ
	腹痛			夕食			
夕食	いらいら	友達と食事				帰宅	
シャワー		↑おしゃべり	楽しい	ごろごろ		夕食	
↑	爆睡			↑TV	面白い	母と喧嘩	ムカツク
睡眠		帰宅			眠い		
↓		シャワー		居間で寝る		シャワー	

12 社会人メールABC
メールでのやりとり

≫ はじめに

　メールは、仕事でも、交友関係でも必要不可欠なコミュニケーションツールです。メールの長所は、手紙のような煩わしい形式的なことがない、送受信が手軽にできる、一度に多くの相手に情報発信ができるなどです。文書ファイルや画像データを貼り付けて送ることや転送もできますし、送受信の記録が残ります。メールの欠点は、会話や議論ができず、一方的に自分の考えを述べるだけになってしまうこと、丁寧な気持が伝わらないこと、内密に連絡と思っていたことが他の人に転送されてしまうことなどです。

≫ メールの書き方

　では、まずはメールの書き方について、整理していきます。受ける側が、一目で用件がわかるような見やすさを考えましょう。

❶ 宛先

　送信先のアドレスに間違いがないか確認しましょう。

　宛先については、アドレス登録をしておくと便利です。仕事上の相手については「様」などの敬称を付けて登録しておきましょう。

宛先（O）……	A……………
CC（C）……	B…………
BCC（B）……	B…… C…… D…… I……※
件名（U）	○月○日　□×▽研修会の件
添付	□×▽研修会資料

❷ CC・BCC欄

CC、BCCは使い分けをしましょう。

CC欄のアドレスは、送信先全員に表示されます。個人情報の保護の観点からもCCにアドレスを載せるのは、すでにお互いのメールアドレスを知っている場合とした方が安全です。

BCC送信は、受信者相互にアドレスを知らせたくないときに使います。受信者はBCC欄の人のアドレスを知ることはできません。受信者全員のアドレスを非公開として、受信者全員のアドレスをBCCに入力することもあります。

「送信済みメール」を編集して新たなメールを作成する際、BCC欄が表示されない（隠れている）場合があります。ですから、過去にBCC送信をしたメールを編集して送信する際は、自分が送る意思のない宛先にメールを誤送信してしまう危険性があるので気をつけましょう。また、自分がBCC受信をしたメールに「全員に返信」することは避けましょう。

❸ 件名

件名を読むだけで、メールの内容がわかるような件名を考えましょう。わかりにくい件名だと、メールを読んでもらえないかもしれません。1つの件名について、用件は1つとします。複数の用件を送る場合は、メールを分けて送信するのがよいでしょう。受信する相手にとって、見やすく、緊急性や重要度など判断がしやすくなります。日付、具体的な用件や目的などを明確にしておくと相手に伝わりやすいでしょう。

具体例	○月○日　□□講演会の講師依頼の件

　　　　　　　○月○日　△▽についてのお知らせ

　　　　　　　□□研修会の打ち合わせ日程について

❹ 宛名

　送信先アドレス欄以外に、テキスト本文の最初に、宛名を記載します。その際、相手の所属名称や部署名は正式名称にしましょう。

　氏名も間違いないことを確認しましょう。

具体例	○○株式会社　○○営業部東京第一課　山田太郎様

　　　　　　　○○自動車株式会社　広報部広報課　鈴木一郎様

❺ 前文

　書き出しには挨拶を入れましょう。

　手紙のような時候の挨拶はいらないとは言え、「いつもお世話になっております」など、一言挨拶は欠かせません。よくやりとりするような親しい間柄の相手では、時候の挨拶は省略をしても構いません。しかし、顧客や上司などの関係性によっては、挨拶文の使い分けが必要です。初めての相手には改まった挨拶が必要です。丁寧な文面はもちろん、自己紹介も必須です。自分の所属名称や部署名は正式名称にして氏名も伝えます。

具体例	初めまして　○○印刷株式会社　広報部広報課　田中太郎と申

　　　　　　　します。

　　　　　　　○○企画の◇△様よりご紹介いただいた　山田太郎と申します。

❻ 本文（用件）

　用件は簡潔にまとめましょう。

　メールをした理由や用件がすぐに伝わるよう、報告事項やお知らせ、依頼などを文頭にして、長文にならないようにしましょう。1行について30

字ぐらいを目安に改行して、1つのまとまりになるようにしましょう。用件を明確にして、前後に空白の行を入れたりして、本文を始めましょう。

具体例　○○について、ご相談させていただきます。
　　　　　　先日の○○について、ご報告致します。
　　　　　　○○に関してのご報告です。
　　　　　　新企画の提案です。
　　　　　　○○のご依頼の件についてですが、〜。
　　　　　　新作発表会のお知らせです。

　また、見やすいように、1行空けたり、記号や下線で強調したり、レイアウトなども考えましょう。箇条書きのような書き方も見やすいでしょう。相手によってはかなりの量のメールを見ますから、見やすさ、読みやすさを考えたレイアウトを工夫しましょう。

具体例　○□講演会の件の打ち合わせについて

　　　　1.　日時：○月○日　13：00〜15：00
　　　　2.　会場：東京オフィスビル10階第2会議室
　　　　3.　議題：役割分担、その他

　最後に、メールをした理由や用件をまとめる意味で、報告事項やお知らせ、依頼や返信の念押しで、相手がどういう行動をしたら良いかが伝わります。

具体例　○○について、ご相談させていただきました。至急ご連絡ください。
　　　　　　先日の○○について、ご報告致しました。お返事をお待ちしております。

○月○日までにご連絡をお願いいたします。

⑦ 結び

気持ちを伝えましょう。

時間をとらせたことなどに触れた文面で、気持ちが伝わるような結びの文にしましょう。

| 具体例 | お忙しいところ恐縮ですが……
以上よろしくお取り計らいください。
取り急ぎご挨拶申し上げました。
時節柄ご自愛ください。

⑧ 署名

名前と連絡先を明記しましょう。

最後は、所属の正式名称、部署はもちろん名前と連絡先を明記しましょう。手紙、電話、メールなどの連絡方法を考えて、郵便番号・住所や電話番号（内線も）、アドレス、さらに所属のホームページのアドレスも併記しましょう。

⑨ 添付資料

添付資料がある場合は、その旨、本文にも記載します。ファイルのデータ容量によっては、相手が受信できないこともありますので、注意が必要です。また、ファイル名は短く見やすくしましょう。

| 具体例 | 添付資料をご一読ください。
資料を添付しましたので、よろしくお願いいたします。

⑩ 最終確認

　最後に、必ず読み返します。その際、誤字脱字、言葉遣いなどもチェックします。変換ミスや、表現が適切か、敬語が過剰になっていないか、なども気をつけましょう。

　また、送信先の確認、添付ファイルの確認も怠らないようにします。

メール作成チェックポイント

		チェックポイント
1	宛先	間違いがないか
2	CC & BCC	適切か
3	件名	一目で用件・内容が、具体的で簡潔、容易にわかるか
4	宛名	名称は正確か
5	前文	あいさつなど簡潔か
6	本文	簡潔でわかりやすいか、レイアウトなど見やすいか
7	結び	結びの言葉かけが適切か
8	署名	自社名・部署・氏名・住所・電話番号など間違いがないか
9	添付	添付ファイル名は具体的か。本文に記載があるか
10	誤字脱字	誤字・脱字・送り仮名など間違いがないか
11	言葉遣い	適切か。敬語等過剰になっていないか

≫ メールの留意点

　メールは使い勝手が良い反面、使い方によっては、無用なトラブル発生の心配もあります。

■ すぐに見てもらえない可能性

　相手の都合によっては、すぐに見てもらえないことが考えられます。緊急性のある案件やすぐに返事が欲しいときにはメールではなく電話をしま

しょう。また、マル秘のような重要な内容を含むものや取り扱いに慎重さが要求される場合にも電話しましょう。

② 送受信のトラブル

　メール環境や形式の違いによっては、スムーズな送受信ができないこともあります。メールが開かない、文字化けしていて読めないようなトラブルが起きることもあり、ハードやネット環境上のトラブルで正しく送信されないこともあるかもしれません。返事や連絡が無いようなときは、電話で確認しましょう。

③ 気持ちが伝わりにくい

　メールでは、顔が見えず、文字と罫線や記号等でやりとりするため、気持ちが伝わりにくく、行き違いなどの問題が起こることもあります。

④ 使い分け

　手紙ほど厳密でないにしろ、一応の手順を理解して、外部と内部の区別、上司との関係性、チームやグループ内など、相手や内容によって使い分けも必要です。敬語や丁寧語の使い方や文章表現などに注意して、受ける側が、一目見て用件がわかるような件名や内容の見やすさ、読みやすさなどの工夫をしましょう。

⑤ アドレスの扱い

　一斉送信の場合、CCでは受信者が他の人のアドレスを知ることになります。BCCでの送信の場合は、受信者が他の人のアドレスを知ることはできません。用件や内容によって慎重に使い分けをしましょう。トラブルを避けるために、宛先を間違えないようにすること、誤字・脱字にも気をつけるなど、細心の注意が必要です。送信の前には必ず読み返しをしましょう。

▶▶ 返信について

　基本的にメールは、受信したらすぐ返信します。件名はそのままで変えないようにしましょう。内容についての確認、受け取ったことの連絡、依頼に対する返事、調査への回答など、相手への信頼度にも影響します。本人だけでは判断ができない内容や、直ぐに返信ができないときは、「拝見いたしました。○○の件、検討させていただきます」とか、「上司と相談して後日（○日までに）連絡致します」などと断りを入れながらの返信をすれば、目を通したことをわかってもらえます。返信が遅くなった場合は、「連絡が遅くなって申し訳ありません」など、一言謝りを入れてから本題に入りましょう。返信の場合も、敬語・丁寧語が過剰にならないように気をつけましょう。

　受信者としての注意は、企業からのダイレクトメールについては、内容を吟味して、不必要なもの、頻繁に送られてくるようなものによってはフィルタリングも考えましょう。ウイルス対策には常に注意が必要です。送信者のわからない添付ファイルのメールは危険性がありますので、開かずに削除しましょう。

▶▶ メールをスマートに活用するために

　メールのマナーやルールを心得ておきましょう。
　手紙ほど厳密でないにしろ、一応の手順を理解して、失礼のない上手な使い分けをしましょう。社内的には、上司への報告、連絡、相談。近い先輩や同僚への提案、依頼。他部署への依頼、連絡などがあります。外部については、顧客への営業や報告、打ち合わせ連絡や依頼連絡、お詫びなどがあります。メールの文章は記録に残ることも忘れないでおきましょう。相手がすぐに見るかどうかわからないので、緊急性のあるときは避けましょ

う。また、誰でも見ることができるので、内容に秘匿性のある場合は不適切です。メールの利便性や欠点をよく理解して使いましょう。緊急性を要する場合には、「メールしました」「メールを見ていただけましたか」など、電話を併用すると連絡が確かになります。内容の重要度を考えて、メール、電話、封書を使い分けることが大切です。

メール使用の適否について

相手や内容によっては、メールでの連絡は失礼になり、信用の失墜につながります。メール連絡が適切かどうかを確認しましょう。

①次の事柄・内容について、まず1人で考えてみましょう（5分）。次にグループ内で、意見交換をしましょう（25分）。

適切……○、電話と併用なら……△、不適切……×、を判断して見ましょう。

No.	事　柄	内　容　等	○△×
1	社外宛通知	支店営業所の移転のお知らせ	
2	〃	商品の出荷のお知らせ	
3	〃	価格の変更（値上げ）のお知らせ	
4	社外宛案内	新製品の発表展示会を案内する	
5	〃	スプリングキャンペーンの案内	
6	社外宛依頼	面識のない人へ面談を依頼する場合	
7	〃	中国語での契約書を作成する仕事の依頼をする	
8	〃	研修会への講師派遣のお願い	
9	〃	見積もり書を依頼する	
10	〃	新規取引先の紹介を依頼する	
11	社外宛交渉	新規取引の交渉をする	
12	〃	値上げ（or値下げ）の交渉をする	

No.	事　柄	内　容　等	○△×
13	社外宛交渉	納期延期の交渉をする	
14	〃	受注品変更の交渉をする	
15	社外宛勧誘	入会の勧誘をする	
16	社外宛申込	工場見学の申し込みをする	
17	〃	新規取引の申し込みをする	
18	〃	入会申し込みをする	
19	社外宛承諾	納期延期の承諾をする	
20	〃	新規取引の申し込みへの承諾をする	
21	〃	値上げ（or値下げ）の申し入れへの承諾をする	
22	社外宛断り	新規取引の申し込みへの断りをする	
23	〃	資金融通依頼への断りをする	
24	〃	支払期日延期の申し入れへの断りをする	
25	社外宛お詫び	不良品納品のお詫びをする	
26	〃	事故発生へのお詫びをする	
27	社外宛弁解	品質不良への弁解をする	
28	社外宛抗議	注文取り消しへの抗議をする	
29	〃	類似品への抗議をする	
30	社外宛照会	売掛金残高の照会をする	
31	社外宛回答	取引条件野照会に対する回答をする	
32	社外宛注文	見積書による注文をする	
33	社外宛見積状	見積状を送る	
34	社外宛挨拶状	転勤のあいさつをする	
35	社外宛見舞い	交通事故に遭った人のお見舞いをする	
36	社外宛お礼	訪問へのお礼をする	
37	社外宛紹介	取引先の紹介や推薦をする	
38	社内回覧	営業部の定例会議のお知らせ	
39	始末書	会議資料紛失の始末書を提出する	
40	届け出	勤務先への住所変更届を出す	

社内でのメールの使用については、回覧資料や会議の連絡などは、関係者に一斉通知をするような場合には便利です。目を通したことが確認できるように開封通知機能を活用しましょう。ただし、相手が目上の場合、開封通知機能の使用は失礼にあたります。部署または担当者への依頼、報告、照会、企画提案書、届け出書類などには開封通知は控えましょう。

社交メールについては、相手や内容によって吟味が必要です。挨拶や礼状、慶弔事などは礼儀正しい文章が不可欠です。心のこもった言葉がけやタイミングにも気を遣いましょう。紹介や推薦はメールを使用してはいけません。

社外的には、広く案内や通知、勧誘する場合はメールが効果的に使えます。依頼や申し入れを断る場合は、メールは早く伝えられますが、相手が納得いくような説明をしましょう。詫び状や抗議文、照会に対する回答、請求書などには、メールだけではなく封書を使用しましょう。また、社外宛メールも、目上の人宛メールと同様に、開封通知機能の使用はマナー違反と感じる人が多いので避けましょう。

②次の10項目の事柄・内容についても、まず1人（a）でメール連絡が適切かどうか考えてみましょう（3分）。次にグループメンバー（b～f）個々の考えを表にまとめて、話し合いをして合意を得て、グループとして（G）を決定しましょう（20分）。

適切……○、電話と併用なら……△、不適切……×、を判断して見ましょう。

No.	事柄・内容等	a	b	c	d	e	f	G
1	応募者への採用通知（不採用通知）							
2	定期株主総会の開催案内							
3	共同事業の勧誘をする							
4	見学ツアーへの勧誘をする							
5	訪問延期のお詫びをする							
6	商品代金の督促をする							

No.	事柄・内容等	a	b	c	d	e	f	G
7	ゴルフコンペへの招待をする							
8	新工場落成のお祝いをする							
9	社員の慶弔を知らせる							
10	社内アンケート調査をお願いする							

 メールの書き方について

　いくつかの場面でのメールの作成例を見て、適切かどうか、改善するとしたらどのように改善するとよいか、グループで意見交換をしてみましょう。
　グループの人数は、5～6人で1組をつくります（場合により、5人～8人でも可）。1つのケースについて10分～15分でまとめましょう。

① 《連絡メール…10分》担当者のAさんが他のグループメンバーに打ち合わせの連絡をするメールを考えてみましょう。日時、会場、議題、その他について、メンバー全員にきちんと伝わっているでしょうか。

件名	
宛名	
前文・本文・結びを記載する	

上記のメールについてメンバー全員で、「メール作成のチェックポイント」にそって、チェックし、意見交換をしましょう。そのあとで、修正すべきところは修正し、改めて振り返りを行いましょう。

メール作成チェックポイント（再掲）

		チェックポイント
1	宛先	間違いがないか
2	CC & BCC	適切か
3	件名	一目で用件・内容が、具体的で簡潔、容易にわかるか
4	宛名	名称は正確か
5	前文	あいさつなど簡潔か
6	本文	簡潔でわかりやすいか、レイアウトなど見やすいか
7	結び	結びの言葉かけが適切か
8	署名	自社名・部署・氏名・住所・電話番号など間違いがないか
9	添付	添付ファイル名は具体的か。本文に記載があるか
10	誤字脱字	誤字・脱字・送り仮名など間違いがないか
11	言葉遣い	適切か。敬語等過剰になっていないか

②《相談メール…10分》担当者が上司に、新採用社員の社内セミナー開催企画の提案について、事前に相談するためアポイントメントを取るメールを考えましょう。

件名	
宛名	
本文を記載する	

メンバー全体で意見交換をし、必要なところは修正しましょう。そのあとで、各自、返信を作成してみましょう。

返信

件名	
宛名	
本文を記載する	

　返信についても、各自チェックし、グループでも意見交換をしましょう。

③《案内メール…30分》担当者（1人1人が）が社員旅行の案内と募集を各課に連絡をするメールを考えてみましょう（10分）。

　担当者：総務部　山田恵子　　共通条件：集合場所──本社前（文京区本郷7丁目）
　その他、行き先、時間等行程は各自で考えてみましょう。

宛名	
件名	
添付	
前文・本文・結びを記載する	

この章のポイント

- 急ぎの内容であれば、電話をするか、電話を併用しましょう。
- 受信したら、件名はそのままで、できるだけ早めに返信しましょう。
- 宛先については、敬称をつけてアドレス登録をしておくと便利です。
- 宛先やCCは公開されるものです。非公開にしたいときはBCCを利用しましょう。
- 件名は、受ける側が一目見て具体的にわかるように工夫をしましょう。
- 送信者は、自身の所属の正式名称、部署と名前と連絡先を明記しましょう。手紙、電話、メールなどの連絡方法を考えて、郵便番号・住所や電話番号（内線も）、アドレス、所属のホームページのアドレスも併記しましょう。
- メールの文章は記録に残ります。送信前に読み返しをしましょう。
- ファイルを添付する際、容量の大きいデータは、相手が受けとれない恐れがあります。圧縮して送るかインターネットのファイル添付サービスを使いましょう。

> **コラム**

ポイントを押さえて使う

就職活動でメールを使う際のポイントと、作成したメールの具体例をいくつか紹介します。

> **ポイント**

- 急ぎの場合はメールではなく、相手に用件が確実に伝わっていることが確認できる電話で連絡しましょう。
- 1通のメールで伝える用件は1つにしましょう。
- 「○○の質問」「○○のお願い」「○○のお礼」「○○のお詫び」等、相手に一目で用件が伝わるような件名にしましょう。
- 質問や依頼のメールへの相手から返信に対しては、24時間以内にお礼の返信をしましょう。
- その他のポイントは、この章の中で述べた内容と基本的には同じです。

> **具体例❶**

お願いメール

件名：資料送付のお願い

○○株式会社
人事部御中

貴社ますますご清祥のこととお慶び申します。

私は○○大学○○学部○年の○○と申します。

来年○月に卒業を控え、就職活動を進めている中で、貴社のホームページを拝見し、貴社の事業内容や企業理念にとても魅力を感じました。

つきましては、お忙しいところ大変恐縮ですが、貴社の会社概要や入社案内などの資料がございましたら、ご送付いただくことは可能でしょうか。

お手数をおかけしますが、どうぞよろしく願い致します。

－－－－－－－－
○○ ○○（氏名）
住所
〒○○○－○○○○
○○県○○市○○　○丁目○番地
Mail：（PCでも閲覧できるメールアドレスが便利）
TEL：（いつでも出られるよう、自宅

の電話ではなくスマホや携帯の電話
番号を記載）

［ 具体例❷ ］
お詫びメール
件名；内定辞退のお詫び

○○株式会社
総務部 ○○ ○○ 様

　お世話になっております。○○大
学○○学部の○○です。
　先日は貴社より内定をいただきま
した、誠にありがとうございました。
　大変恐縮ですが、本日は、内定を
辞退させて頂きたく、ご連絡を差し
上げました。

　内定のご連絡をいただいた後、改
めて自分の進路を考えた結果この決
断に至りました。

　貴重なお時間を私のために割いて
いただき、評価していただいたにも
かかわらず、このようなご返事となっ
てしまい誠に申し訳ございません。
心よりお詫び申し上げます。
　本来なら直接お伺いしてお詫びす
るべきところを、メールでのご連絡
となりましたことをご了承頂きたく
お願い申し上げます。
　○○様から頂いたこれまでの心配
りに大変感謝しております。
　最後になりますが、貴社の益々の
ご発展をお祈り申し上げます。

－－－－－－－－
○○ ○○ （氏名）
住所
〒○○○－○○○○
○○県○○市○○　○丁目○番地
Mail：（メールアドレスを記載）
TEL：（電話番号を記載）

13 「電話」でイメージアップ
電話の受け方・かけ方

>> はじめに

　この章では、ビジネスにおける電話連絡について説明します。

　電話は顔の見えないコミュニケーションです。電話での商取引、交渉、連絡など、かける場合も受ける場合も相手の表情がわからないので、あらたまった話し方、丁寧な言葉遣いが求められます。あなたの受け答えがあなた1人ではなく企業全体の信用に影響します。すなわち、誰もが企業全体の顔といえます。企業内においてもそれぞれの部署の窓口になります。そのため、電話での受け答えは失礼のないように、適切な話し方や言葉遣いを心掛けましょう。言葉が丁寧なつもりでも、声のリズムやトーンなどの話し方で悪い印象を与えてしまうこともあります。作業を中断して受け答えに集中する誠意ある態度も必要です。また、相手の名前を間違えたり、用件の聞き違いや思い込みを避けるために、伝える必要事項を準備し、メモを取り、確認のために復唱しましょう。

　通信手段としての電話の利点は、用件が相手に確実に伝わり、相手の意向が直にわかることです。FAXやメールのやりとりと組み合わせてフォローすれば、コミュニケーションはより確実になります。

>> 電話の受け方のポイント

1 電話を受けたときの第一声

　近くの電話の呼び出し音が鳴ったら、ベル2～3回以内には受話器を取りましょう。第一声は、「はい、○○株式会社（部署名までも）でございます」とはっきりと言いましょう。4回5回以上なってから出たときは、第一声に、「お待たせいたしました」「お待たせして申し訳ありません」とお詫びをして、自社名を名乗ります（公共団体では、部署と個人名まで名乗る所もあります。内線の場合は、部署と個人名まで名乗ります）。

　そして、相手を確認しましょう。相手の所属や氏名、用件をメモできるように、メモ用紙と筆記用具は電話の側に、常に用意しておきましょう。相手の会社名や氏名、用件を間違いないように書き取りましょう。相手の声が小さかったり、早口だったりして、うまく聞き取れなかった場合は、「申し訳ありません。もう一度おっしゃっていただけませんか」など詫びながらお願いしましょう。相手が携帯電話などで電波の状態が良くないときは、「申し訳ありません。お電話が遠いようなので、今一度お願いいたします」といって聞き直すことも必要です。相手が名乗らない場合は、「失礼ですが、お名前をうかがってもよろしいでしょうか」などと、失礼がないようにたずねます。受話器を取ってから、名乗って、相手を確認するまでの一連の流れを明快にして、短く「いつもお世話になっております」とあいさつをしましょう。さらに、正確を期すために、メモに書き取る内容は復唱するようにしましょう。

　「電話を受けたときの第一声」の例は、「はい、○○でございます」「はい、○○でございます。お電話ありがとうございます」です。内線の場合は、「□□部△▽です」「□□部△▽です。お疲れ様です」などと言います。ビジネスの場合「もしもし……」は不要です。また、外部の人との電話では、社内の人を呼び捨てで話します。

正確に聞き取るために、連絡メモを用意しておきましょう。

```
例 連絡メモ
_____ 様
_____ 月 _____ 日（ 午前 ・ 午後 ） _____ 時 _____ 分頃

社　名：_____

部　署：_____ 氏名：_____ 様

連絡先：_____

用件




□ お電話がありました。

□ 後ほどお電話くださるそうです。

□ 折り返しお電話くださいとのことです

　（TEL　　　　　　　　　　　　　　　　　　　　　　　）

　　　　　　　　　　　　　　　　　_____ 受
```

❷ 担当への電話の取り次ぎ

　担当者が近くにいてすぐに取り次ぐような場合でも、担当者の部署氏名を確認して、「少しお待ちください」と言って必ず保留にし、担当者に取り次ぎましょう。指名された担当者には、相手の所属と氏名を伝えます。用件を相手が言った場合は、それも伝えます。

181

❸ 担当者に電話を取り次ぐ際は「保留」をしてから

　担当者が不在のときは、「あいにく、外出しております」「会議中です」「ただいま来客中です」など、不在を告げて相手の要求にできる範囲で対応しましょう。担当者の戻る時間がわかるようなら、その時間を伝えます。そして、本人が戻り次第連絡をさせることを提案しましょう。

　急ぎの場合は、自分の部署氏名を伝えて、「よろしければ、代わりにご用件を伺いしますがいかがいたしましょうか」と相手の意向を確認して、用件を聞いてメモします。内容を聞いた後は、「かしこまりました。確かに申し伝えます」と言います。相手の電話番号がわかっていない場合は、「念のため、お電話番号をお願いいたします」とたずねます。会話の最後には、「お電話ありがとうございます」と言って、受話器は静かに戻しましょう。内容が重要かつ緊急で担当者しかわからない場合は、「担当の者に連絡が取れ次第、そちら様に連絡をいたします」と伝えて電話を切ります。担当者が会議中とか、社内にいて連絡が可能であれば、メモ用紙に、「どこの誰から、どんな用件で」電話があったことを伝えて、本人に対応を決めてもらいましょう。外出している場合は、個人のスマホ・携帯などに連絡をして、対処してもらいましょう。

　自分が対応できない場合は、「ただいま担当者が席を外しておりまして、至急こちらでお調べいたしますので、折り返しお電話をさせていただいてもよろしいでしょうか」と確認して一度電話を切り、上司などに対応を相談しましょう。

　担当者が外出していて、〇時に戻る予定のときは「あいにく△▽は外出中ですが、〇時には戻る予定でございます。戻り次第折り返しご連絡を差し上げるようにいたしましょうか」、担当者が他の電話に出ていて長くかかりそうな場合は「申し訳ありません。△▽はただ今、他の電話に出ておりまして、まだしばらくはかかりそうなので、折り返しご連絡させていただきますが、いかがいたしましょうか」と提案してみましょう。

　担当者が、出張中の場合、「あいにく△▽は出張中ですが、〇月〇日には出社の予定になっております。お急ぎであれば、私がご用件を伺い、△▽

に申し伝えますがいかがいたしましょうか」などと提案してみましょう。出張先は企業のプライバシーですから、言ってはいけません。

　その他、担当者が食事などで少しの間席をはずしているような場合は、ただ今外出していまして……など。休暇を取っている場合はその旨を伝え、次の出社日を伝えましょう。

　同じ部署に同性の担当者がいる場合はフルネームで確認しましょう。

４ 電話を切るときの心遣い

　電話を切るのは、基本的にかけた方です。電話を受けた場合、相手が切るのを確認してからゆっくり丁寧に置きましょう。フックを指で軽く押さえると静かに切ることができます。「お忙しいところお電話ありがとうございました」「私○○が承りました。お電話ありがとうございました」など一言言って受話器を戻しましょう。

５ 取り次ぎの電話に出るときの注意

　すぐに出た場合は、まず「△▽です」と名前を名乗ります。相手によっては「いつもお世話になっております」とあいさつをするのもよいでしょう。電話に出るまでに時間がかかった場合には「お待たせいたしました」「お待たせして申し訳ありません」など、お詫びしてから用件に入りましょう。

６ 伝言メモの置き場所に留意しましょう

　不在の担当者へは、伝言を聞き、メモ用紙には、いつ、誰から（どこから）、どんな用件で、相手の意向は何かと電話を受けた自分の氏名を記して、担当者の机上で、見やすいところに置きます。書類がメモの上に置かれたり、風で飛ばされないようにPCのキーボードや受話器の上にテープで止めるなど、わかりやすいところにメモを置きましょう。

電話の受け方の応用編（様々な電話への対応）

応用編として、様々な場面での電話の応答について考えてみましょう。

1 間違い電話

対応に際しての注意としては、不愉快な感じを与えないように、優しく「恐れ入りますが、何番におかけでしょうか」「失礼ですが、どちらにおかけでしょうか」などと、番号の確認をします。明らかな間違いには、「恐れ入りますが、もう一度ご確認いただけますか」などと対応します。

2 セールスの電話

「申し訳ありませんが、セールスの電話は取り次がないように言われておりますので、失礼します」とキッパリと断りましょう。

3 クレームの電話

クレームに対しての対応は、どこの部署が対処するかあらかじめ確認しておきましょう。企業として、お客様相談室やコールセンターがあるところでは、そこが対応します。当該部課の場合は、担当者に処理してもらいましょう。

対応に際しての注意としては、誠意ある態度で聞き役に徹します。何に不満なのか、どういうことに怒っているのかを冷静に把握します。相手の感情を理解して、問題点に対して適切な対応をしましょう。企業に対してのクレームなので、第一対応者が、その場でお詫びを言い、「ただいま詳しい者に代わりますので、少しお待ちいただけますか」と、慎重な言葉遣いをして他の人に取り次ぎます。親切丁寧な対応は、その企業イメージや信頼感につながるものです。他方、担当者のたらい回しなどの不誠実な対応や納得の得られない処理をすれば、相手の不満や怒りをさらに増大させる結果になりますので注意しましょう。明らかなミスがあった場合は、「私ど

もの不手際がありまして、誠に申し訳ありません」と詫びて、指摘していただいたことに対して、「大変貴重なご意見をありがとうございました」と感謝を伝えましょう。

4 社内の人の身内からの電話
　社内の人の身内からの電話には、敬称や敬語など丁寧な応対をしましょう。

電話のかけ方のポイント

　電話をかけるときの注意として、出勤直後や終業間近など、お互いに慌ただしい時間帯は避けましょう。相手の表情が見えない電話連絡は、明るくはっきりとした口調で丁寧な言葉遣いをしましょう。そして、用件は簡潔に伝えます。そのために伝えることを整理したメモ書きや必要と思われる資料など用意しておくと良いでしょう。原則、電話をかけた方が先に切りますが、受話器を置く前に、対応してくれたことへの感謝の気持ちを伝えて、ゆっくりと静かに戻しましょう。また、保留のまま電話が切れてしまった場合は、相手に非があっても、かけた方からかけ直しましょう。

1 最初の確認
　電話をかけるときは、企業名や部署名は、略さないで、正式な名称で話しましょう。名刺などでしっかり確認して、間違い電話をしないようにしましょう。代表番号だけでなく、直通番号がある場合には、そちらにかけることになります。電話をかけたとき、通常名乗ってくれますが、名乗らなかった場合には、「○○様ですね」、「○○会社様でしょうか」と相手を確認して、「○○の△▽と申します」と名乗ります。そして、部署名と相手の名前を伝えて取り次ぎをお願いします。
　指名した相手が出て、名乗ってくれたら、改めて名前を伝えて、あいさ

つをします。相手が名乗らないときは、「○○様でしょうか」と確認をします。用件を切り出す前に「今お時間よろしいでしょうか」など相手の都合を確認しましょう。用件を伝えるときは、結論から話し、簡潔にまとまりよく話しましょう。

2 相手が出られないとき

　他の用件があるときなど、相手が捕まらない場合があります。都合の良い時間を聞いて、再度かけ直しましょう。電話に出ている相手が、「折り返し連絡させましょうか」などの提案があったら、素直に「お願いいたします」と頼みましょう。この後に外出などの予定があれば、提案に礼を述べて、外出の予定であることを伝えて、改めてかけ直すことを伝えましょう。

　その他、緊急性のある用件については、他の詳しい人に代わってもらいましょう。例えば同じプロジェクトのメンバーなどわかる人に話を聞いてもらいましょう。伝言をお願いする場合は、同じ部署の人か確認しましょう。総合受付のような場合は、伝言についての理解がある同じ部署の人に取り次いでもらいましょう。返答が欲しい場合には、いつまでに返事が欲しいか期限を伝えます。確実に伝えてもらうために、受けてくれた人の名前を聞いておきます。

3 不在のときにもらった電話について、折り返しの電話をかける場合

　電話をかけて、相手が確認できたら、まず「お電話をいただき申し訳ありませんでした」など不在を詫びましょう。そして、「今、ご都合よろしいでしょうか」と確認しましょう。問い合わせなどの返答の電話なら、「お問い合わせの件ですが、ポイントや結論から申し上げますと……」と要点から述べて説明を加えます。

電話のかけ方の応用編(携帯電話にかけるとき)

1 携帯電話の使い方

　携帯電話は、自社への連絡か、着信に気がついて先方にかける以外は、ほとんどが受けるときに使用します。就業中の携帯電話はマナーモードにしておいて、会議中や打ち合わせのときは、必ず電源を切っておきましょう。ビルの中や公共施設内、電車内など、打ち合わせや移動中で、すぐに出られない状況のときは、マナーモード設定をしてから「申し訳ございません」と詫びて今の状況を伝えて、かけ直します。

　公共マナーとして、周囲に迷惑のかからない静かな場所に移動して使用しましょう。声が大きくなって、周りの人の迷惑になったり、仕事内容のことが聞かれたり、機密事項が漏れたりするリスクは避けましょう。歩きながらの通話は論外です。

2 相手の携帯電話にかけるのは、緊急時だけにしましょう

　本人や先方の企業から携帯電話にかけるように言われている場合でも、相手が外回りなどで不在のときで、緊急性のある場だけにしましょう。電話をかけてもすぐに出られない状況かもしれませんので、呼び出し音は短めにします。着信に気がついてくれれば、折り返しのできる状態になったときに電話をくれると思います。相手が出たら、「今、ご都合よろしいでしょうか」と確認します。用件は概要など手短に話して、詳細な内容については、改めて連絡するようにしましょう。

≫ 電話対応の注意点を考えましょう

1 電話に出るとき、「モシモシ」はいりません

　ビジネスでの電話対応は、家庭や個人の電話使用と区別しないといけません。そして感じのよいあいさつと丁寧な言葉遣いは不可欠です。相手の顔が見えなくても、大事なコミュニケーションです。相手の話を遮ったり、きちん最後まで聞かないで、すぐに反論したり、皮肉交じりに言い返したりなどは印象を悪くしてしまいます。心にもないお世辞を言ったり、自分を卑下しすぎた話し方も信頼関係を損ないかねません。相手の都合を考えずに、自分の用件だけを一方的に話したり、自慢話や愚痴っぽい話は迷惑です。その他、感情のない話し方、逆に馴れ馴れしい話し方、言うことが飛びすぎたり、まとまりのない話し方、曖昧な表現や内容に疑いを持った聞き方や話し方などをしないように注意が必要です。

2 失礼のない言葉遣いに慣れましょう

　学生気分のままの言葉遣いでは、社会人としての信用が得られません。様々な年代の人、いろいろな業界や業種の人、社内では、上司や同僚など、電話での一言ひとことがあなたの評価にとどまらず、企業活動全体に影響します。電話での商取引、交渉、連絡などなど、かける場合にも、受ける場合にも、社会人としてのマナーとして、あらたまった話し方、丁寧な言葉遣いを身につけましょう。

　「すみません」はわかり難い言葉ですので、お願いするときは「恐れ入ります」「恐れ入りますが」と言う方が丁寧になります。

　電話をかけたときのあいさつの決まり文句として、「お世話になっております」を覚えましょう。「いつもお世話になっております」と言えばより丁寧です。「お世話様です」は失礼になります。相手の都合を聞くときや携帯電話のときは、「今、よろしいでしょうか」「お時間よろしいでしょうか」など確認が必要です。また、質問するときには「お聞きしたいことがある

のですが、よろしいでしょうか」と聞きます。顧客からの依頼や上司の指示には、「かしこまりました」「承知いたしました」などと返事します。その他に、相手が聞き取りやすいように、正しい発音で少しゆっくりめのスピードで話すように心がけましょう。ぼそぼそと小さな声で話すことや語尾を伸ばしたり、語尾を濁すようなクセは、早く治しておきましょう。

▶▶ グループワーク： 電話の受け方・かけ方を実践しましょう

　グループワークとして、場面設定をして、1対1のロールプレイングをして、参加者で評価し合いましょう。

　グループの人数は、6人で1組をつくります（場合により、5人〜8人でも可。時間は1ケースについて5分〜10分でまとめるとよいでしょう）。

　1場面ごとに、2人でペアになり電話をかける人、受けた人と役割分担をして、通話をしてみます。終了後、他のメンバーの感想を聞くなどの振り返りをしましょう。感じの良い言葉遣いだったか、内容を的確に簡潔に伝えられたか、言い回しに失礼な表現などなかったかについて意見交換をしましょう。問い合わせとその返答、クレーム対応や不手際に対するお詫び対応、無言電話に対する対処などの場面設定を考えて実習をしてみましょう。

　比較的対応が難しい場面設定をして、より適切な対応のための丁寧な言葉遣い、真摯な姿勢などを検討しましょう。

パートⅠ　対人関係の基本

パートⅡ　いろいろな場面

パートⅢ　実践

パートⅣ　支援者へのアドバイス

●電話の受け方を考えましょう。

Q1 電話を受けたときの第一声は？

A

・呼び出し音が鳴ってから、2〜3回以内には出ましょう。
・電話に出たら、最初に会社名を名乗りましょう。

Q2 電話を受けたとき、担当の上司に取り次ぐ場合は？

A

・外部の人に対する身内の者の呼び方に注意をしましょう。
・内線での取り次ぎです。上司への言葉遣いにも注意が必要です。
・担当者に電話を取り次ぐ際は、保留をしてから。

電話を受けたとき、担当者が外出で不在の場合は？

A

- 「申し訳ありませんが……」など不在を伝えます。
- 「いかがいたしましょうか」と意向を聞くか、折り返し電話をすることを提案しましょう。
- 不在の理由は簡潔に言いましょう。
- 丁寧な言葉遣いと、用件にそった適切な確実な取り次ぎをしましょう。
- 不在の担当者にはメモをわかりやすいところに置きましょう。

 電話を受けたとき、担当者が休暇で不在の場合は？

A

- 「申し訳ありません」または「あいにく」と詫びて、用件を尋ねましょう。
- 内容によっては、担当者の出社予定を伝えることもあります。

パートI　対人関係の基本

パートII　いろいろな場面

パートIII　実践

パートIV　支援者へのアドバイス

・丁寧な言葉遣いと、用件にそった適切な確実な取り次ぎをしましょう。
・不在の担当者にはメモをわかりやすいところに置きましょう。

●電話をかけるときの注意点を考えましょう。

Q1 電話をかけるときの第一声は？

Ⓐ

・電話をかけるときは、正式な名称で話しましょう。
・名刺などでしっかり確認して、間違い電話をしないようにしましょう。
・直通番号がある場合には、そちらにかけましょう。
・部署名と相手の名前を伝えて取り次ぎをお願いします。

Q2 担当者が外出していて、不在の場合は、どうしますか？

Ⓐ

192

- 都合の良い時間を聞いて、再度かけ直しましょう。
- 「折り返し連絡させましょうか」と提案があったら、素直に受けましょう。
- 外出などの予定であるときは、改めてかけ直すことを伝えましょう。

Q3 急ぎの用件で電話をかけたとき、相手が不在だった場合は？

A

- 都合の良い時間を聞いて、再度かけ直しましょう。
- 折り返しの連絡をお願いしてみてもよいでしょう。
- 「折り返し連絡させましょうか」提案があったら、素直に受けましょう。
- 外出などの予定であるときは、改めてかけ直すことを伝えましょう。

Q4 急ぎの用件で、相手の携帯電話にかける場合は、どうしますか？

A

193

- 相手が不在のときのみ、緊急性のある用件だけにしましょう。
- 呼び出し音は短めにします。
- 相手が出たら、「今、お時間よろしいでしょうか」と確認します。
- 詳細な内容については、改めて連絡するようにしましょう。

　　敬語、丁寧語、謙譲語などの言葉遣いやあらたまった話し方、丁寧な言葉遣いを練習して身につけておきましょう。

この章のポイント

電話を受けるときのポイント

- あなたの受け答えが、相手にとっての企業イメージにつながることを忘れない。
- 電話を取り次ぐ際は、必要な情報を正確に確認し、担当者に伝える。
- 様々な場面への対応を練習しておく。

電話のかけ方のポイント

- かける前に伝えたい内容を整理し、必要な資料も用意しておき、用件は簡潔に伝える。
- 相手が不在だった場合の対応も、事前に考えておく。
- 相手の携帯電話にかけるのは、緊急時だけにする。

パートⅢ

実践

01 採用面接とお見合いの関係
採用面接の注意点

　採用面接において一番大事なことは、相手（面接官）に自分の長所を伝えることです。そのために、学生には人間力が要求されます。

≫≫ 企業が求める人材

1 即戦力は求められない

　普通の企業は、入社後数年をかけて人材を育成します。新卒に即戦力を求める企業は、社員の定着率が低いブラック企業かもしれません。

2 会社の将来を担える可能性

　会社は入社時の能力よりも入社後の成長に注目します。近い将来、会社にとって有益になるだろう人材、成長してくれる人材、経験を積んで会社をリードしてくれそうな人材を、企業は求めています。

3 「人間力」

　人間力の定義は「社会を構成し運営するとともに、自立した一人の人間として力強く生きていくための総合的な力」です（2003年、内閣府「人間力戦略研究会」）。

　人間力を高めるためには「知的能力的要素」「社会・対人関係力的要素」「自己制御的要素」を総合的にバランスよく高めることが必要とされてお

り、その中でも採用面接においては社会・対人関係力的要素（「コミュニケーションスキル」「リーダーシップ」等）が評価されます。

▶▶ 採用面接の形態別特徴

1 個別面接
　高い緊張感を強いられますが、他の応募者に気兼ねすることなく自己PRすることができます。面接官の質問に答えながら、学生が自分の人柄や個性を伝えることが大切です。

2 集団面接
　他の複数の応募者と同時に面接を受け、他の応募者との比較で、評価されるのが特徴です。質問に対して挙手で答える積極性も評価されますが、他の応募者への配慮などのバランス感覚も評価されます。

3 集団討議
　リーダーシップや協調性など、集団への適応性が評価されます。極端に発言が少ないとコミュニケーション能力や積極性に欠けると評価されます。意見のまとめ役・タイムキーパー・アイディアマンなど、全体を見ながら、学生が自分の得意な役割でチームへの貢献を示すことが重要です。

▶▶ 採用面接を成功させるには

1 ありのままの自分を見せるように学生を指導します
　学生に、自分の性格の長所と短所を5つずつ理解させましょう。
　例えば、「細かいことを気にしない」という長所が、「おおざっぱ、いい加減」と短所になることもあります。

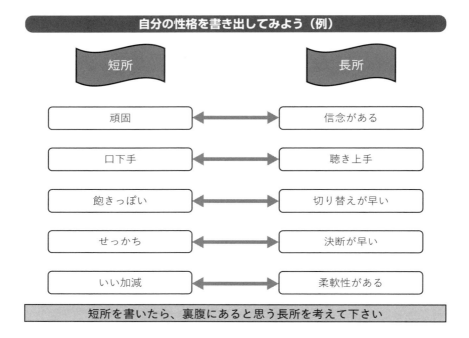

　長所は自信をもってアピールし、短所は面接で表に出さないよう工夫させましょう。

❷ さわやかな表現

　学生が、自分の状況、気持ちや考え方をさわやかに伝えられるよう練習させましょう。

「さわやかな自己表現」のコツ（具体例❶）

こんな時、あなたならどうしますか？

面接官に、その会社に応募した動機を聞かれたが、一番の志望動機は自宅から近いことだった。

↓

見たこと、聞いたことなど、事実を伝える。
御社の近くで育ち、御社の業務内容や地域貢献にたいへん魅力を感じております。

自分の考えや、感じたことを言う。
御社の成長と共に私も成長しつつ、地元にも貢献し、愛される企業であって欲しいと思います。

具体的な提案をする。
どのような環境や部署でも、そこで全力を尽くして働く自信はあります。

提案がダメだった時のために、別案も考えておく。
また、もしも遠方への転勤命令が出ても、それには従う覚悟はあります。

順番 ↓

「さわやかな自己表現」のコツ（具体例❷）

こんな時、あなたならどうしますか？

面接官に、「学生時代に学んだ専門分野が活かせる職種がその会社にはないが、そのことについてどう思うか」と聞かれた。

↓

見たこと、聞いたことなど、事実を伝える。
確かに、私が学んだ専門分野を活かせる職種はないことは、私も知っています。

自分の考えや、感じたことを言う。
でも、大学では専門分野の知識だけではなく、勉強を通じて目標に向かって努力することや、仲間と協力し合うことなど、様々なことを学びました。

具体的な提案をする。
こういった経験は、御社でどのような業務に就いたとしても、様々な形できっと活きてくると思っています。

提案がダメだった時のために、別案も考えておく。
また、将来もしかしたら、御社の業容拡大の際にお役に立てるかもしれません。

順番 ↓

01 採用面接とお見合いの関係

❸「私は」を主語にして話をさせましょう

　「私は」を主語にしたアイ・メッセージは、相手との良好な関係を保ちながら自分の状況・気持ち・考えを伝えることができるとても有効な表現方法です。対人スキルの1つとして、日頃からアイ・メッセージでのコミュニケーションを意識させましょう。

メッセージの種類	
ユー・メッセージ	**アイ・メッセージ**
「あなたは」を主語とした言い方	「私は」を主語とした言い方
相手に評価・指示・批判的な印象を与えやすい	自分の気持ちや考えが相手の心に届きやすい
あなたの話は説明になっていない　→	もう少し詳しく説明してくれますか？
あなたの考えは間違っています　→	私の考えは、あなたとは少し違います

❹ 相性の悪い会社には就職しないことも、広い意味では成功

　採用面接とは、求人において採用するか否かを判断するために行われる面接試験のことですが、学生にとっては面接官の態度や訪問した際のオフィスの雰囲気からその会社と自分の相性を確認するチャンスでもあります。面接試験は、いわば会社との「お見合い」です。ありのままの自分を面接官に評価してもらうと同時に、自分に合う会社かどうかを見極め、相性の悪い会社には就職しない判断も重要です。

>> 採用面接はスタートライン

◼️ コミュニケーションと信頼関係

　面接対策のノウハウ集を読んで練習すれば採用面接には合格するかもしれませんが、企業が求めているのは数分間の採用面接で想定した質問に上手に答えるノウハウではなく、就職後の様々な人とのコミュニケーションの中で、お互いの信頼関係が築ける力です。この力を養えるように、学生を支援しましょう。

◼️ 日々の実践

　コミュニケーション能力を身につけるためには日々の実践が重要です。コミュニケーション能力獲得の目的は、就活ではありません。社会人としての人生を充実させるために、日々の様々な人との交流の実践を通してコミュニケーション能力を身につけることの価値を学生に理解してもらいましょう。

◼️ 就職内定はスタートライン

　あたりまえのことですが、就職の内定は就活のゴールであっても社会人としてはスタートラインです。「就職さえすればよい」という考えでは、入社後すぐに「こんなはずではなかった」とあてが外れて離職してしまうかもしれません。学生が、就活だけではなく、就職後の人生にいついて考えられるように支援することが重要です。

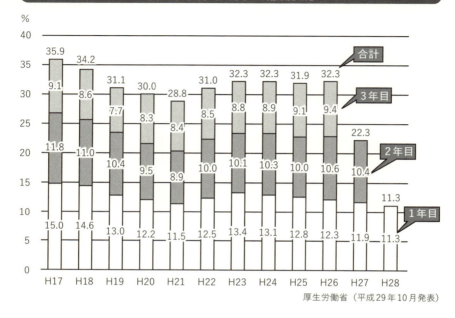

新規学卒者（大卒）の離職状況

厚生労働省（平成29年10月発表）

>> まとめ

　採用面談を通して、学生と企業の相互理解が進み、それに基づいて内定・採用となり、学生が就職後会社で力を発揮できることが重要です。
　そのためには、学生が会社の企業ビジョンを調べ「この会社と共に成長し、力を発揮したい」かどうかを確認することが重要です。そして、採用面談で自分のキャリアビジョンを語り、面接官に「この人と仕事がしたい」と思ってもらうことが重要です。相手への関心、調査、アピール力が、就職後のキャリアアップにつながります。

02 社会人としての言葉遣い
練習すれば恐くない

≫ 1対1のロールプレイやグループワークで 対人関係を体験してみましょう

　社会人としての第一歩は、良好な人間関係をつくることです。どんな業界でも職種でも人との関わりが大切です。専門的な知識があっても、素晴らしい技術があっても、1人でできることは限られています。どの業種でも、チームで仕事をすることが求められます。上司、先輩、同僚、取引先や顧客との関係性がうまくいくほど、より良い成果につながります。さらにやりがいも感じられるようになり、社員の成長につながります。

　人間関係を良好にするためには、相手の個性を理解し、尊重するコミュニケーションが重要であり、その基盤は、丁寧な日常の挨拶、場をわきまえた態度や言葉遣いです。社会人としてのマナーや言葉遣いを学ぶために、OJT（on the job training）OFF-JT（off the job training）などの訓練や研修会が行われます。

　こういった研修では、ロールプレイを用いて対人関係を体験し、コミュニケーション能力を理解することが重視されます。ロールプレイを通じて、1対1の関係性やグループでの対人関係を体験することは有益です。

≫ 社会人としての言葉遣いに慣れましょう

　新社会人は、緊張して適切な言葉遣いができなかったり失礼なもの言いになってしまうことがあります。敬語や謙譲語を混同したり、敬語を重ねて間違った言葉遣いになりがちです。また、目上の人に「ご苦労様です」というような、立場をわきまえない言い回しをしたり、質問に対して「やっています」とだけ返答したり、「どうも」「そうですか」といった言い回しを口癖のように使うと、相手に失礼な対応と思われ、信頼が得られなくなることもあります。ため口や学生だけに通用する言葉づかいは、社会人としてのマナーを疑われます。このような言葉を使わないように学生に自覚してもらう必要があります。

①コミュニケーションの基本は、挨拶です。声にして慣れてもらいましょう。「挨」は押す、「拶」は開く・拓く、という意味ですので、挨拶とは、自分が押して拓いて、人と繋がるために行うものです。ですから、挨拶は自分が満足するのではなく「相手がどう感じたか」が重要だということを、学生に理解してもらいましょう。「挨拶は心の握手だから、相手がさわやかに感じてくれる挨拶が大切だ」と説明するのもよいでしょう。

◆声を出して練習をしましょう。実際に、1人1人、立って挨拶します。そのときの姿勢態度、礼の仕方などをチェックしましょう。

　　朝の挨拶……「おはようございます」
　　人が戻ってきたときや先に退社する人に、その他場面に応じて……「お疲れ様です」
　　退社時に……「失礼いたします」「お先に失礼します」
　　上司に話しかけるとき……「お仕事中失礼します」「お話し中失礼しま

す」「ただいま、お時間いただいてもよろしいでしょうか」

顧客への挨拶……「いつもお世話になっております」

勤務中の外出時……「……に行ってまいります」

お礼の言葉として……「ありがとうございます」「ありがとうございました」

②丁寧な言葉遣いに慣れましょう。下記はよく使われる言葉ですが、お辞儀などとあわせてチェックし、声に出して慣れておくと良いでしょう。対面での対応はもちろんですが、顔が見えない電話でも同じように重要です。

◆実際、声を出して、言葉遣いに慣れましょう。

対外的な場での挨拶……「お世話になっております」「いつもお世話になっております」

依頼の場合や用件の結びとして……「よろしくお願いいたします」

お願いする場合……「恐れ入りますが……」「申し訳ありませんが……」「よろしいでしょうか」「恐縮ですが……」「お手数をおかけしますが……」

応接室への入室・退室時に、声を掛けるときに……「失礼いたします」

お詫びのときには……「申し訳ございません」「失礼いたしました」

依頼された場合……「承知いたしました」「かしこまりました」「承りました」

意向を聞くとき、提案する場合など……「いかがいたしましょうか」

③年上の人や地位の高い人を敬う言い方（尊敬語）、自分を相手より下においた言い方（謙譲語）、その場や相手の雰囲気に合う言い方（丁寧語）に言い換えてみましょう。

◆上司や外部の人との対話の場面を想定して、次の言い回しを、それぞれ尊敬語・謙譲語・丁寧語の指示に従って言い換えてみましょう。

●報告書・新聞など「見ましたか」
　　　　　　　　→（尊敬語）「ご覧になりましたか」
●ゴルフ・趣味など「しますか」
　　　　　　　　→（尊敬語）「なさいますか」
●人と会うとき「会いますか」
　　　　　　　　→（尊敬語）「会われますか」「お会いになりますか」
●連絡を「聞く」　→（尊敬語）「お聞きになりましたか」
●出かけるとき「行きますか」
　　　　　　　　→（尊敬語）「いらっしゃいますか」
●来客が「来る」　→（尊敬語）「お見えになる」「おいでになる」「お越しになる」
●上着を「着る」　→（尊敬語）「お召しになる」
●意見を「言う」　→（謙譲語）「申し上げる」
●連絡を「聞く」　→（謙譲語）「伺う」「承る」「拝聴する」
●顧客に「会う」　→（謙譲語）「お目にかかる」
●ものを「借りる」→（謙譲語）「拝借する」
●差し入れを「食べる」
　　　　　　　　→（謙譲語）「いただく」「ちょうだいする」
●報告を「する」　→（謙譲語）「いたす」
●同意を求める「良いですか」
　　　　　　　　→（丁寧語）「よろしいでしょうか」
●品物が「ある」　→（丁寧語）「あります」「ございます」
●「どんな」用件か→（丁寧語）「どのようなご用件でしょうか」
●「どこ」になるか→（丁寧語）「どちらになりますか」

どのくらい適切な言い換えができたでしょうか。感想を含めて意見交換をしましょう。

④適切な言い回しや敬語の使い方をチェックしてみましょう。A・Bどちらの使い方が適切でしょうか。その理由も考えてみましょう。

1　□ A「いかがなさいますか」

　　□ B「いかがいたしますか」

2　□ A「ご懸念なことがあれば、私におたずねください」

　　□ B「ご懸念なことがあれば、私にうかがってください」

3　□ A「過日、私が申し上げました」

　　□ B「過日、私がお話ししました」

4　□ A「以上のような準備でよろしかったでしょうか」

　　□ B「以上のような準備でよろしいでしょうか」

5　□ A「メモのほうを見ていただけましたか」

　　□ B「メモを見ていただけましたか」

6　□ A「担当の者が戻りましたら、必ず話します」

　　□ B「担当の者が戻りましたら、必ず申し伝えます」

7　□ A「部長が申し上げていた日程の件ですが」

　　□ B「部長がおっしゃっていた日程の件ですが」

8　□ A「資料の1ページからご覧ください」

　　□ B「資料の1ページから拝見してください」

パートI 対人関係の基本

パートII いろいろな場面

パートIII 実践

パートIV 支援者へのアドバイス

⑨　□ A「わが社の部長の○○です」

　　□ B「わが社の○○部長です」

⑩　□ A「私どもに不手際がありまして、誠に申し訳ありません」

　　□ B「私どもに不手際がありましたようで、誠に申し訳ありません」

⑪　□ A上司に「ご苦労様です」

　　□ B上司に「お疲れ様です」

⑫　□ A「出口はあちらになっております」

　　□ B「出口はあちらでございます」

⑬　□ A「こちらが新製品のパンフレットになります」

　　□ B「こちらが新製品のパンフレットでございます」

⑭　□ A「私もよく存じております」

　　□ B「私もよくご存じです」

⑮　□ A「課長は出席なさいますか」

　　□ B「課長は出席いたしますか」

⑯　□ A「ゴルフはおやりになりますか」

　　□ B「ゴルフはいかがいたしますか」

⑰　□ A「本日はどのようなご用件でしょうか」

　　□ B「今日はどのようなご用件でいらっしゃいますか」

⑱　□ A「お住まいはどこでいらっしゃいますか」

　　□ B「お住まいはどちらでいらっしゃいますか」

⑲　□　A「課長が申されました」

　　□　B「課長がおっしゃいました」

⑳　□　A「お召し上がりになられました」

　　□　B「召し上がりました」

◆適切な言い回しの回答例

①　○＝A　「なさる」──は尊敬語。

②　○＝A　「うかがう」──は謙譲語。

③　○＝A　「申し上げました」──は尊敬語。

④　○＝B　「よろしかった」──は過去形。販売員などの言い回し方に
　　　　　みられるが……。

⑤　○＝B　「……のほう」──はおかしな言い方。みていただく──は
　　　　　謙譲語。

⑥　○＝B　「申し伝えます」──は尊敬語。

⑦　○＝B　「おっしゃって」──は敬語。申し上げて──は謙譲語。

⑧　○＝A　「ご覧ください」──は敬語。拝見してください──は謙
　　　　　譲語。

⑨　○＝A　上司でも身内は、敬称はつけないで、呼び捨てにする。

⑩　○＝A　「……ようで」──はおかしな言い方。

⑪　○＝B　「ご苦労様」──は部下や年下の者の労を労うコトバ。上司
　　　　　や年上の人には失礼。

⑫　○＝B　「なっております」は不適切。「ございます」──はより丁
　　　　　寧な言い方。

⑬　○＝B　「なります」──は丁寧語ではありません。

⑭　○＝A　敬語は私のコトバとして使わない。

⑮　○＝A　「いたす」──は「する」の謙譲語。

⑯　○＝A　「する」──の尊敬語は「なさる」。

⑰　○＝A　「ご用件」──に敬語はつけない。

⑱　○＝B　「どこ」──の敬語は「どちら」。

⑲　○＝B　Aの「申す」は、相手に言うときのコトバ。

⑳　○＝B　「食べる」の尊敬語は「召し上がる」。Aは三重敬語。

＞＞ 1対1のロールプレイで対人関係を体験しましょう。

　A（新人）とB（上司or外部の人）で、お互いに、様々な場面を想定して、挨拶を交わす練習をしましょう。言葉だけでなく、態度姿勢にも気をつけて、声の大きさ、スピードなどにも注意が必要です。身だしなみもチェック対象です。

　2人1組のペアをつくり、次の場面設定を確認して、それぞれ2度ずつ声に出してみましょう。

　（1組に2分ぐらいで次々にローテーションして実施（12〜15分））。

●朝、出社しての挨拶
「おはようございます」

●先に退社する人に
「お疲れ様です」

●退社時に何人か残っている部屋からの退出に
「お先に失礼いたします」

●顧客への訪問時の挨拶
「本日はお時間をいただきましてありがとうございます」

- 勤務中外出するときに
  「行ってまいります」

- 勤務中に外出からもどったとき
  「ただ今戻りました」

- 話し中の人に声を掛けるとき
  「失礼いたします」

- 相手に確認するとき
  「よろしいでしょうか」

一通り終わったら、全員で振り返りをします（5〜15分）。

◆ 振り返りのポイント：適切な言葉かけでしたか。声の大きさ、スピードなどはいかがでしたか。
◆ まとめとして、姿勢や態度なども注視していて、声の大きさが適当か、聞き取りやすいか、など気がついたこと、感想・評価などを伝えます。

≫ まとめ

　対人関係で大切なことは、お互いに知り合うことです。人と人との関係のはじめは、挨拶からです。職場で、朝元気よく「おはようございます」と挨拶することが大切です。帰宅時は、「失礼します」「お先に失礼します」「お疲れ様です」と挨拶します。相手に挨拶の言葉が聞こえていないのでは、挨拶をしていないのと同じです。

- 誠意があると相手に思ってもらえる、聞き方・話し方
- 共感的理解的な聴き方
- 話している相手の視点についての想像
- ポジティブな言葉遣いによる対立の回避
- 相手にわかりやすい具体的な話し方

　などに気をつけ、敬語・謙譲語などの言葉遣いに慣れるようにロールプレイさせるとよいでしょう。

パートIV

支援者へのアドバイス

01 就職支援スタッフの皆様へ

　社会に出ていろいろな人とコミュニケーションをとりつつ生きていくために必要なスキルを、今までの生活の中で身につけてきている人が多いと思います。しかし、中には今までの人生で身につける機会がなかったスキルもあるでしょう。また、人によってスキルが不足していることがあるかもしれません。そういった様々な学生に対して、社会に出るにあたって大切である、身につけているとよい、と思われるコミュニケーションスキルを学ぶためのヒントをパートⅡで紹介してきました。

　これらのスキルは、自然に生活の中で身につけていくもの、という考え方もありますが、スキルとして学んで身につけることにも大きな意味があります。そうとらえて取り組むことで、人間関係の新たな側面が見えてくることもあるでしょう。

　学生がこれらのスキルを身につける目標は、社会のいろいろな場面で、自ら考え、対処していくことです。学生課・就職課スタッフとして支援をする際のポイントについて説明します。

　大人はついつい自分の思う方向に学生をもっていこうとしてしまいがちです。よかれと思い、相手を自分の思うように向かわせようとしてしまうのです（親が子どもに、学生課・就職課スタッフが学生に、管理者が部下に）。「人生とは」「社会に出るとは」こういうことだ、という思いが強すぎると気づかないうちに押しつけてしまいます。そして後で抵抗に合ったり、関係が行き詰まったりします。それよりまずは、その人らしさを受け止め

ることを肝に銘じておきたいものです。

≫ 個性を受け入れる

　就職への取り組み方は、学生によってかなりばらつきがあります。どういう働き方が自分に合っているのかわからないでいる学生も多いでしょう。友人同士で情報交換ができていて、どんどん動ける人もいる一方で、情報から取り残されがちな人もいます。また、大人から見ると、甘いと思われるような取り組み方の学生もいるでしょう。

　そういった様々な学生に対する支援の中身は千差万別です。

　就職活動をするにあたって、このくらい（例えば企業に問い合わせの電話をかける、先輩とアポイントをとるなど）は当然できると思ってしまいがちですが、そこも人それぞれです。「なんでこんなこともできないのだろう」とか「これくらいはやって当然」という気持ちを支援者が持ってしまうと、学生はそれを敏感に感じ取り、相談できなくなります。あるいは、親の意見に自分としては納得できないが、親に反対できないことで悩む学生もいるでしょう。親の言うことが理に適っているとしても、その学生のやりたいこと、夢を追う気持ちなどを表現することが第一歩です。そうするうちに、学生が自分で自分の道を見つけていくこともあります。つまり、自分の意見を安心して表現できる場があることが大切なのです。もちろん、学生の言うことが理解できない場合は「もう少し説明してほしい」と伝えていくことが大切ですし、支援者としての教育的観点やアドバイスも必要です。しかし、それもまずは学生を理解した上でないと、有効なアドバイスとなりえません。まずは、学生を理解した上で、どうしたらよいか、一緒に考えていくスタンスが大切です。そうすることで、どんなアドバイスが適切か、見えてきます。

>> 見守る・過干渉にならない

　もう1つ気をつけたいのは、見守りつつ干渉し過ぎないことです。我々は、ついついよかれと思って手を差しのべてしまいます。これは、親切なようで、逆効果になることがあります。学生が自分で考える力を奪わないように気をつけましょう。

　人には、もともと自分で考える能力が備わっています。例えば小さな子も夢中になっている遊びの中で必死に考えて自分なりに工夫や創作をしています。子ども同士のトラブルも自分たちで何とか解決しようとしています。しかしときとして、見ている大人が悪気なく口をはさんだり、手を差しのべて介入したりすることがあります。これは、自分で考える力を摘み取ってしまうことになっています。積み重なると、考えずに大人に解決してもらおうと、考えずに待つ子になってしまいます。親子の場合もそうですし、上司部下の間でも、上司がすぐに解決法を伝授すると考えない部下（指示待ち人間）になってしまいます。

　学生も同様です。過干渉や過保護は自立を妨げます。困難にぶつかったときに自分で考え、対処していく、その過程で人は多くのことを学びます。この積み重ねが自立への道であり、自分が解決した、という自信に結びついていくのです。支援をする場合には、自分で考えることを奪い取らないよう、そして自分の力で解決したというプロセスに水を差さないように行う必要があります。これは放置するのとは別です。失敗体験ばかりでは、自信喪失につながってしまします。支援のポイントは学生がよりよく自分で努力できるように助けることです。

　上記の2点を基に、以下の3点に留意し、学生とともに学ぶ場をつくっていきたいものです。

動機づけをする

　講義の場合も、学ぶための動機づけが吸収力に大きな違いをもたらしますが、コミュニケーションスキルを身につけるには、さらに動機づけが大切になります。やらされ感をもったままワークショップを受けても、身につきません。自身で身をもって知ることで初めて身につけることができますし、試行錯誤はとても大切です。そのためにも、学ぶことの意義を学生自身が受け入れていることが必要です。これらのスキルを身につけることで、何を得ることができるか、逆に身につけていないとどんな困ったことが起こる可能性を秘めているか、それらの点を学生自身が納得していると、与えられた目標ではなく、学生自身が目標をもって学ぶことできるでしょう。また、実感を伴う深い学びにつながっていきます。そのために、支援者としては、しっかり動機づけを高めることが大切です。

　例えば、学生とは違う対応を求められるような想定場面をいくつか紹介して、「あなたならこんな場合どうしますか」と、投げかけてみてください。想定場面が、卒業生の失敗談の実例などであると、より現実味をもって受け入れられるかもしれません。この本のパートⅡで紹介しているような「ありがちなパターン」をアレンジしてもよいと思います。

安全に失敗できる場をつくる

　学生は、いろいろな想いで質問に来たり、相談に来たり、ワークショップに参加したりしています。ロールプレイやワークショップをする中で、失敗をするのも貴重な体験となります。体験をしていくことでこそ、身に染みて学ぶことができるのです。ロールプレイなどで、お互いにいろいろな体験をしてみて、どう感じるか、そうするとどういう対応をしたくなるのか、身をもって知ることが何よりの学びになります。

この場は失敗しても大丈夫なんだということで安心していろいろなことを試すことができます。ですから、失敗するのは当然、失敗から学んでいく、という雰囲気づくりが大切です。参加者がそれぞれ失敗をする中から学んでいくには、支援者だけでなく、その場の参加者がそれぞれトライすることに対してモチベーションをもつこと、トライすることをたたえる雰囲気が大切です。そういった場づくりには、支援者自らの失敗体験やそこから学んできたことを話したり、先輩からの話しを聞く場を設けたり、ということも有効でしょう。

相談場面だったり、ワークショップだったり、いろいろな場が安全に失敗できる場として機能すれば、学生は自ら自然に学んでいくことができます。

≫ 自己観察とフィードバックを実践する

学習には様々な方法がありますが、特にコミュニケーションに関しては、人と人との関係の中で学び成長していくものです。そのために重要なのが、観察とフィードバックです。

支援者として学生に接するときには、関心をもって観察することで、多くのことが見えてきます。相手の中で何が起きているか、支援者との関係性の中ではどんなことが起きているのか、もしグループでのワークショップなどを行っているのであればその中ではどんなことが起きているのか、観察します。その人らしさ（表情・服装などの非言語の要素も含めて）をとらえるときにも、観察が重要な役割を担います。そして、観察したこと、あるいは自分の中に起こったことを相手に伝えていきます（フィードバック）。こうして支援者が観察とフィードバックを学生に対して行うことで、学生はそのやり方を実際に学んでいくことができます。そして、グループの場があれば、そこではぜひ観察とフィードバックを実際に行ってもらうことが大切です（フィードバックの留意点については、「Ⅱ-05　意見が合わなくても恐くない」の項参照）。

つまり、学生がコミュニケーションスキルを学んでいくにあたり、自分の中で何が起こったか観察できるようになることが必要です。グループでのワークショップの場合は、各自が相手のどのような態度や言葉によってどのような影響を受けたか、などを自己観察します。その結果を共有することで、相手に返す（フィードバック）ことになります。相手はそこから学ぶことができます。メンバーから受けたフィードバックと自己観察を繰り返すことで、学んだり、スキルを身につけたりすることができるでしょう。

　こうして、自分を振り返る、観察するというクセ（習慣）がついていくと、社会に出てから大いに役に立つと思われます。自分を振り返り、観察するクセ（習慣）は、関係性の中ではぐくまれていくので、仲間ができるとさらに進むでしょう。人は、観察とフィードバックの中から、成長してくことができます。

＞＞おわりに

　コミュニケーションの方法は人間関係そのものです。支援者との関係性や仲間との関係性の中でいろいろな経験・体験を通して学ぶことが多々あります。一方向だけの関係ではなく、双方向の関係づくりの中から、支援者自身が学ぶことも大事にしてください。

02 カウンセラーの皆様へ

　ここでは、学生相談や保健センターにおける相談員やカウンセラーが、学生のコミュニケーションスキルを伸ばしていくうえでできることについて述べていきます。

　学生相談員やカウンセラーは、悩みや問題を抱えて相談室を訪れる学生との間に信頼関係を築き、学生の気持ちに寄り添い、支えていくことが重要です。進路、友人関係や異性関係、クラブ活動、学業や単位、家族関係などに関する悩みや、精神や身体の疾患についての相談など、様々な悩みを抱えた学生が相談室を訪れます。友人や恋人、ときには家族にさえ打ち明けることができなかった悩みを、利害関係がなく秘密が守られる環境で話すこと、そしてカウンセラーが判断したり、指示したりすることなく共感、受容して話に耳を傾けることは、日常生活の対人関係では得られない新鮮な体験です。こうした関係性を基盤に、学生は悩みや問題について振り返り、解決する力を養っていくことができます。

　しかし学生相談を訪れる学生のなかには、受容的な関わりだけではうまくいかないケースがあります。例えば、基本的なコミュニケーションスキルが乏しいために、大学の教員や事務スタッフに必要な情報を伝えられなかったり、わからないことを聞けなかったりするために単位を落としてしまう学生、友人との間でトラブルを起こしてしまう学生、就職活動がうまくいかない学生などです。これらの学生の悩みの背景にあるコミュニケーションスキルの不足を見過ごしてしまうと、大学時代はカウンセラーの助けを得て乗り切ることができたとしても、就職活動において、もしくは就

職したあとに、会社という厳しい環境の中でつまずいてしまう可能性があります。

　うつや不安などにより、医療機関を受診している学生の中にも、ベースにコミュニケーションスキルの不足があり、その二次的な結果として、うつや不安の症状を呈していることもあります。医療機関で学生を診察する医師は、患者である学生の大学での様子を具体的に知る機会がありませんので、コミュニケーションスキルについての的確なアセスメントは難しいでしょう。その点、学生相談や保健センターなど、学生が生活する場の中で支援するカウンセラーは、精神疾患や症状についての知識をもち、同時に学生の生活の様子を見ることができるという点で、有利な立場にあります。

　また一次予防（健康な状態を維持・増進する）という観点で考えたとき、来談した学生のカウンセリングを行うだけでは、十分とはいえません。コミュニケーションスキルの不足がある学生は、自分から相談に来るということができなかったり、周囲から見て明らかに困った状態にあっても、自分では困っていることに気づかないことがあるからです。学生相談室を訪れた学生に対する心理的支援に加え、コミュニケーションスキルを高める支援をより多くの学生を対象に提供していくためには、普段から学生課、教務課、就職課など、普段、学生と関わることの多い大学職員とコミュニケーションをとり、大学の中にどのようなニーズがあるのかを把握しておくとよいでしょう。

　次に、「学生相談における一般的なアセスメント」「コミュニケーションスキルの視点からのアセスメント」「コミュニケーションスキルを育てる介入のポイント」について解説します。

学生相談における一般的なアセスメント

相談室や保健センターにおいてカウンセリングを開始するときには、方針を決めるためのアセスメントを行います。一般的な学生相談におけるアセスメントは以下のようなものでしょう。

1 主訴および潜在的なニーズ

学生が表面的に述べている主訴はもちろんのこと、潜在的なニーズについても把握する必要があります。

2 経過および相談につながった経緯やきっかけ

問題がいつからどのように始まったのか、相談に至る前にはその問題についてどう対応してきたのか、誰かに相談したことはあるか、学生相談を利用するきっかけなどを聞いていきます。

3 精神および身体症状の有無と受診の状況、主訴との関係

こころや身体の症状の有無を把握し、症状のために生活や学業に支障が起きているにも関わらず受診していない場合には受診を促します。もちろん受診を促して終わりではなく「受診の結果を報告しにきてください」と伝え、治療が開始される場合は、主治医の方針をふまえて、必要に応じて大学での支援を継続して行います。特に精神疾患が疑われる場合は、受診の際に主訴や大学での状態を記した紹介状を作成し、受診時に学生から主治医に渡してもらい、主治医と連携して学生が大学を卒業し、社会参加していけるように支援することが重要です。

4 学業状況（単位取得状況、出欠状況、授業参加上の問題など）

主訴が学業と直接関係ないものであったとしても、学業についてのアセスメントは必須です。

5 アルバイト、サークル活動、友人関係など

アルバイト、部活動、サークル活動、友人関係などが、学生の生活にどのように影響を及ぼしているかについても把握しましょう。

6 生育歴および家族関係

幼少期から現在までの生育歴を聞きましょう。小学校、中学校、高校においての学業成績や課外活動、集団への適応状況などについても確認します。幼少期の家族関係、現在の家族関係についても確認しておきましょう。

7 進路や将来の職業についての希望

学生が大学卒業後にどのような進路に進みたいと考えているのか、またどのような将来像を描いているのかを把握します。

8 学生の資質および長所

上記のような内容を収集する中で、学生がもつ資質や長所を把握しましょう。

>> コミュニケーションスキルの視点からのアセスメント

上記した一般的なアセスメントの中で、「コミュニケーションスキル」のアセスメントは、学生が大学生活を乗り切り、さらに社会で活躍していく力をつけていくための支援に役立ちます。

アセスメントをする中で見えてくる課題や問題に、コミュニケーションスキルがどのように関わっているかに注目しましょう。例えば、アルバイト先の店長や同僚に断ることができずに定期試験前に深夜のシフト勤務を連続して入れてしまっている学生、よく知らない学生とグループを組まなければならない授業でグループメンバーとのコミュニケーションをとるこ

とができずにストレスを溜め、単位を落としてしまう学生、サークル活動で責任者の立場になったけれども、話し合いをうまくできずに孤立してしまう学生など、様々なパターンが考えられます。

「その場面でどのようにコミュニケーションをとるべきかはわかっているけれども、心理的な問題が邪魔をしてうまくコミュニケーションをとることができない」学生と、「単純にスキルが不足している」学生がいることに注意が必要です。

「心理的な問題が邪魔している学生」とは、コミュニケーションを阻害する問題について解決することができるか話し合いましょう。邪魔している心理的な問題を解決できれば、対人関係をはじめとする様々な問題が解決する可能性があります。これはおそらくカウンセラーがもっとも得意とする領域ではないかと思います。

その一方で、「そもそものスキルが不足している」学生には、スキルをつけるためのより教育的、指導的な介入が必要となります。

≫ コミュニケーションスキルを育てる 介入のポイント

■ 学生のコミュニケーションのパターンを具体的に把握する

学生が抱えている問題や悩みに関連して、学生が周囲の人とどのようなコミュニケーションをとっているかについて、カウンセリングの中で具体的にとりあげます。「そのときあなたは何を、どのような言葉で伝えましたか」「相手はどんなふうに理解したり、感じたりしたと思いますか」「今考えてみて、ほかにどんな伝え方があったと思いますか？ できるだけたくさん、考えてみましょう」などの質問をすることにより、カウンセラーは学生のコミュニケーションのクセを知ることができ、学生も自分のコミュニケーションについて客観的な視点をもつことができます。

コミュニケーションについて話題にする際に、学生が自信を失ったり、

萎縮しないよう、これまでのコミュニケーションを否定するのではなく、より幅広く、そして柔軟にしていくという方針を意識しましょう。様々な場面でどんな伝え方、話し合い方があるか、できるだけたくさん考えてみるなどゲームのように楽しみながら取り組んでみるのも良いでしょう。

　学生が周囲の人との間で繰り返しているコミュニケーションのパターンは、カウンセリング場面でカウンセラーとの間でも繰り返されることがよくあります。効果的ではないコミュニケーションのパターンがカウンセラーとの間で認められたときには、それを例にあげて、同じようなことが別の場面でも起こっていないかどうか一緒に考えてみるとよいでしょう。

❷ コミュニケーションの肩代わりをしない

　保護的になりすぎて、学生が教員や事務スタッフに伝えるべきことを、カウンセラーが肩代わりして伝えてしまうことは、コミュニケーションスキルを育てるという視点を考えると、適切ではありません。例えば、担当カウンセラーがゼミの教員や学生課職員に直接連絡を取り、学生が授業に出席できない事情について伝えたり、特別な配慮を求めたりすることは避けましょう。

　こうした保護的な関わりは、学生が精神疾患や身体疾患をもっており、その症状が重篤で教員や職員と話をすることが困難であったり、情報共有について急を要したりする場合には一時的に必要になることがあります。しかし、それ以外の場合には学生の主体的な問題解決を阻んだり、コミュニケーション能力の向上を阻んだりする結果になります。

　周囲の人に、必要に応じて自分の事情を伝えたり、何かを依頼したりするというコミュニケーションは、社会人になってからも必要になることです。学生という守られた環境にいる間に十分に練習をつむようにしましょう。学生が失敗体験で傷つき過ぎないようにするには、カウンセラーとの間で十分に検討し、練習をしておくとよいでしょう。

❸ グループ認知行動療法を生かす

　大学では、中学校や高校とは異なり、学生の普段の様子を観察する機会がありません。そのため、カウンセリング場面だけでは、同世代の友人や目上の人やあまり親しくない人との間で、学生がどのようなコミュニケーションをとっているのか、よくわからないこともあるでしょう。またカウンセラーと話し合っていても、なかなか実際の社会場面には応用できないという問題が出てくることもあります。

　そこで役に立つのが、グループ認知行動療法です。例えば、学生相談室が主催して「コミュニケーションスキルを向上させるためのグループ」を定期的に実施し、来談した学生の中で、対人関係で悩みやすい学生、コミュニケーションの問題で困難を抱えやすい学生に勧めてみるとよいでしょう。グループでコミュニケーションの課題に取り組むことには様々な利点があります。

　その一例として、参加者が最近体験した「伝えたいことがうまく伝えられなかった場面」を具体的にあげてもらい、その場面について「どんな伝え方をするとうまく伝わるだろうか」「伝えにくいと感じたのはどうしてだろうか」など、参加者がアイデアを出し合って、検討していくグループワークなどが挙げられます。上手な伝え方の1つの指針として、アサーションスキルについての講義を加えても良いでしょう。こうしたワークを行うことには、①様々なコミュニケーションの工夫を知り、身に着けることができる、②第三者として他人のコミュニケーション場面を検討することで、自分自身のコミュニケーションについても客観的に観察する視点を養う、③ポジティブなフィードバックをもらうことで自信がつくなどの利点があります。

　また、相談室だけが主催するのではなく、大学の就職課とタッグを組んで、「就職活動のためのコミュニケーション改善講座」といったタイトルで、グループ認知行動療法を行ってみてもよいかもしれません。周囲から偏見をもたれるのではないかという理由で学生相談室の利用に躊躇する学生、周囲から見ると困っているが本人はあまり困っていない学生も参加し

やすく、学生相談室を利用しない学生にも広く支援を行うきっかけにもなるでしょう。

４ オープンクエスチョンを活用する

　カウンセラーと学生の間でうまくコミュニケーションがとれない要因として、（はい、いいえで答えててしまう）「クローズドクエスチョン」が飛び交っているために、会話が広がらないことがあります。相手から、より広い、深い情報を伝えてもらえるように、「どういう流れでそうなったのですか」「そのとき、どんなことを考えたのですか」といった、オープンクエスチョンをうまく使えるようなるとよいでしょう。また、学生にも、オープンクエスチョンの活用について促してみましょう。

≫ おわりに

　カウンセラーは来談する学生と信頼関係を築き、学生に寄り添い、学生が安心できる支持的なかかわりの中で支援することを得意としています。他の学校職員や教員よりも、こころや身体の病気についての知識が豊富で、心理療法の知識と技能も身につけています。

　今後、公認心理師の誕生に伴い、こうした知識や技能を生かしながら、より多くの学生の心の健康を維持し、社会で活躍できるための支援を行っていくことが、ますます求められていくこととなるでしょう。

03 ご家族の方へ

　子どもが学生生活を終えて、いよいよ社会に出ていく時期に、親としてどんな支援ができるでしょうか。親の立場として、ここまで無事に育ったことの嬉しさや経済的な自立を目の前にしてホッとする気持ちもありますが、反面、社会に出てやっていけるか、その前に納得できる会社に就職できるか、就職先は安定したところか等々、心配する時期でもあります。
　ここでは、就職する時期の子を持つ親の支援をご紹介します。

基本スキルチェックシートを活用する

　本書の「Ⅰ　対人関係の基本」のところで出てきた「基本スキルチェックシート（39頁参照）」を活用して、就職するまでに獲得しておきたいスキルがどの程度できているか子どもを観察して確認してみましょう。
　基本スキルチェックシートでは、就職してからすぐに必要なスキルが示されています。
　スキルが身についているかどうか、あいまいなときは本書の当てはまる部分を読んでみてください。具体的な態度や言葉が書かれています。
　例えば「相手の話が聴けるか」「仕事でのメールの書き方は知っているか」「電話のかけ方はわかっているか」など心配なスキルが見つかったら、本書に書かれている項目を見ていただくと、具体的な「Ⅱ-02　聞く耳をもつ、ということ」「Ⅱ-12　社会人メールABC」「Ⅱ-13　『電話』でイメー

ジアップ」がのっています。

▶▶ 心配なところがあれば子どもと話をしてみる

　基本スキルチェックシートでチェックした後、できていない、あるいは少し苦手と思われるスキルが見つかったら、子どもと話をしてみましょう。
　話をする場面では本書の「Ⅱ-03　上手に『質問』できていますか？」「Ⅱ-04　『賛成！』は丁寧に、はっきりと」「Ⅱ-05　意見が合わなくても恐くない」「Ⅱ-06　なるほど、そうきましたか」などのスキルを活用してみてください。
　また「Ⅱ-07　相談しよう！　そうしよう！」も役に立つかもしれません。子どもに直接話しにくい場合はまず親が子ども以外の家族や友人、学校の先生などに相談にいくこともよいと思います。
　子どもと話をしてみて子ども自身も悩んでいるようだったら本書の「Ⅱ-02　聞く耳をもつ、ということ」を参考にして子どもの話に耳を傾けてあげてください。

▶▶ 子どもに本書を紹介し、該当するところを読んでもらう

　子ども自身も困っているようであれば、本書を紹介し、該当する部分を読んでもらいましょう。
　最初、子ども自身が必要なスキルが身についていないことに気づいていない場合も多々あります。現代社会では、仲間同士なら単語だけでメールを送ったり、さらには絵文字だけでも通じるので、子ども自身は不都合を感じていないからです。
　仕事についてから、自分のスキルの拙さに気づかずメールを送ってしま

い上司に注意され、なぜ叱られたかわからず悩むといった場合もあります。

本書では、具体的な態度や言葉が多く示されていますので、自分がまだ身につけられていないスキルに気づくことができます。

≫ 本書を活用し、練習する

獲得できていないスキルが見つかったら、練習できます。

親子で実際に場面を想定して練習してもよいでしょう。また、メールの書き方など書いたものを一緒にみて話し合ってもよいでしょう。練習の仕方は次のようなポイントを心がけてください。

▶練習のポイント◀

① まずやってみる。

② できているところを伝える。

③ できていないところは「○○ができていない」というより「こうすると、さらにいい」と肯定的に伝える。

④ 再度やってみる。

⑤ できたら一緒に喜ぶ。

では、実際に練習の場面を想定してまずい例とうまくいった例を示します。

場面❶ 困ったときに相談する場面

　あなたは入社1年目です。明日会社の取引先に先輩とあいさつに行く予定です。
　主任に「しっかりあいさつしてこい」と言われましたが、なんて言ったら良いか、さっぱりわかりません。あなたは先輩に相談しようと思います。

●まずい例
親　「じゃあ、私が先輩になるから言ってみて」
子　「……先輩、あの、ちょっといいですか。明日の取引先への挨拶のことですが、なんて言ったらいいのかわかりません。ご指導いただけますか」
親　「なんか、丸投げって感じがしたわ。もうちょっと具体的に言ってみて」
子　「それがわからない」

●うまくいった例
親　「じゃあ、私が先輩になるから言ってみて」
子　「……先輩、あの、ちょっといいですか。明日の取引先へのあいさつのことですが、なんて言ったらいいかわかりません。ご指導いただけますか」
親　「うん。ご指導いただけますかって、いい言葉だと思った。今都合がいいかどうか聞いたのもいいなあって。今ご都合よろしいですかって言うとさらにいいかも」
子　「あと、何ていうか自分で考えて、こう言おうと思うって言えたほうがいいかな」
親　「うん。そうだね。いいよね」

親子で練習するのはちょっと恥ずかしい、やりづらいと思うこともあると思います。

そんなときは、大学のカウンセラーや学生課・就職課の先生に相談しましょう。

また、次のような状況のように、子どもと意見が違うときにも本書は活用できます。

「Ⅱ-05　意見が合わなくても恐くない」を参考にして生活の場面で役立ててください。

「意見が違うときのやりとり」についても、まずい例とうまくいった例を示します。

場面❷ **意見が違うときのやりとり**

　息子はIT関係の仕事に就きたいと言っている。最初は派遣の仕事でもいいと言っている。あなたは正社員になってほしいと思っている。

●まずい例

子　「IT関連は、なかなか最初から正社員なんてないから、とりあえず派遣で入ってキャリアを積もうと思ってるんだ」

親　「派遣だったら、いつ切られるかわからないし、不安定だと思うんだけど」

子　「でも、最初から正社員なんて、ほんとないんだよ」

親　「もっとあたってみたら？」

子　「もう5〜6社あたったさ。ぼくもそれなりに考えたさ」

親　「私はとにかくITとかにこだわらないでもっと拡げたら正社員はあると思うよ。違うところも当たってみたら？　意外といい会社だったっ

てこともあるんだから」

子 「僕の将来について、いちいち意見言ってほしくない」

親 「大事だから言ってるんでしょ！」

子 「……」

●うまくいった例

子 「IT関連は、なかなか最初から正社員なんてないから、とりあえず派遣で入ってキャリアを積もうと思ってるんだ」

親 「IT関連で働いてキャリア積みたいんだ」

子 「そうなんだ。派遣でも、きっとそこで実績をあげていったらやっていけるって、先輩も言ってたし」

親 「IT関連でキャリア積みたいってことはわかった。私がちょっと心配なのは、ずっと派遣でいると、ボーナスがないとか、退職金が出ないとか、正社員のように、有給とれないとか、そのへんがどうなのかなということなんだ。派遣でいいと思ってしまうのは、早すぎないかって思うんだけど」

子 「確かに、不安定ではあるけど、なかなか正社員はないんだ。ハードル高いし。でも、何年も派遣でいるつもりはないよ。3年やってみてだめだったら考えようと思ってるし」

親 「3年をめどに考えてるんだね。それは賛成。それと、まだ時間あるから、もう少し粘って探してみてもいいかもね」

子 「そうだね。もうちょっと探してみるよ」

このように、子どもとの話しにくいやりとりでも、本書を使って試みてください。

話し合いをすることが解決策になるのだという経験を積むよい機会になります。

職場では、話をすることが非常に重要になってきます。挨拶をする、同意するといったささいな会話から、困ったときに相談する、意見が違うときのやり取りなど、練習を積むことによって慣れておくと、周りとつながりながら仕事ができて、力が発揮しやすくなります。

>> おわりに

周りの学生が次々と内定をもらう中、就活の進み具合が思わしくない学生は不安を感じます。そんなときに、親も一緒になって焦ってしまうと、子どもの不安はますます大きくなります。

そういう状況になったら、改めて就職課に相談に行くようアドバイスしましょう。就職課では、様々な情報に基づく客観的で冷静なアドバイスをもらえるはずです。

また、子どもにとって自分の家はどんなときでも安心して過ごすことのできる場所であって欲しいものです。

日頃から「あなたのことを見守っているよ」「あなたのことを信頼しているよ」「あなたの意見を尊重するよ」「でも、もし悩んでいることがあれば、何でも相談して欲しい」という姿勢で接し、我が子が自分の力で道を切り開いて行く力を信じてあげてください。

きっと、就職活動を通じて我が子が学生から自立した社会人になるために成長していく姿を見ることができることでしょう。

誕生してから入園、入学など、人生の節目をともにしてきた親にとって、就職は、いよいよ親の庇護から離れて精神的にも経済的にも自立する時期です。親の役割も、ひと区切りついたと言えるでしょう。

今後の親の役割は、相談されたときに、良き相談相手の1人として存在することかもしれません。

また、親自身もバランスの良い生活を楽しみ、よいモデルを示していきましょう。

おわりに

　現在就職活動を始めている学生のみなさんや、それを支援する先生方、保護者の方にとって、就職は大きな岐路だと思います。なるべく学生本人が納得できるような方向に、将来安心できるような道を、さらに、やりがいを感じて楽しく生活していけるようにと、思いは様々こころの中をよぎります。

　この本は、就職活動を始める学生の皆さんが体験するであろう様々な事柄をもとに作られています。今後の仕事で役立つ具体的な事柄が満載です。と言いましても就職活動に必要なハウ・ツーを伝えるのではないところが特徴です。この本は、就職活動から、その後の仕事人生において必要な基本的な人としての態度や行動を考えて作られています。

　社会はどんどん便利になり、苦労して調べなくても情報はスマホで得られます。また、わざわざ人に聞かなくても多くのことは解決できます。そんな時代を生きてきた学生にとって、職場はわからないことばかりです。調べても情報には限界があり、自分の会社では役に立たないといったことが起こります。マニュアルやハウ・ツーでは対処できないのが職場です。

　会社の上司に「わからなかったら聞け」「優先順位を考えて仕事をしろ」と助言をされても「何を聞いたらいいかがわからない、どう聞いたらいいかがわからない」「優先順位が高いのがどの仕事かわからない。でも、そんなこともわからないのかと思われそうで、聞けない」と若い社員が悩んでいます。

そういったつまずきへの対処法がこの本に出てきます。お手元に置いて、就活の支援や新入社員の研修で役立てていただけたら幸いです。

　本書の編集にあたり、佐藤克司様、浅尾明美様から、査読ならびに貴重なご意見をいただきました。これによって、本書をより理解しやすいものとすることができました。執筆者を代表して、心から感謝の意を表します。

　また、リーダーとして執筆者をまとめて下さった宗田美名子さん、田村隆さん、土屋朋子さんに篤く御礼申し上げます。

　最後になりましたが、本の出版にあたりまして、金剛出版の弓手正樹様に大変お世話になりました。深く感謝いたします。ありがとうございました。

　2019年6月

秋山 剛

執筆者一覧

酒井佳永　跡見学園女子大学心理学部臨床心理学科 教授　［Ⅰ−4、Ⅱ−3、11、Ⅳ−2］
さかい よしえ　臨床心理士・公認心理師

下川真奈　医療法人潮かぜ会 秋谷潮かぜ診療所　［Ⅰ−2、6、Ⅱ−4、10］
しもかわ まな　臨床心理士・公認心理師

宗田美名子　かすみがうらクリニック　［Ⅰ−5、Ⅱ−2、7、Ⅳ−3］
そうだ みなこ　臨床心理士・公認心理師

田村 隆　集団認知行動療法研究会 世話人　［Ⅰ−3、Ⅱ−1、6、Ⅲ−1］
たむら たかし　産業カウンセラー・キャリアコンサルタント

土屋朋子　医療法人社団こうかん会 日本鋼管病院　［Ⅰ−1、Ⅱ−5、8、Ⅳ−1］
つちや ともこ　臨床心理士・公認心理師

西井和義　鵠沼高校　［Ⅱ−9、12、13、Ⅲ−2］
にしい かずよし　嘱託インストラクター／元東京大学教育・学生支援系キャリアサポートグループキャリアアドバイザー／学校カウンセラー・ガイダンスカウンセラー

査読者

浅尾明美　保護者の立場から
あさお あけみ

佐藤克司　千葉工業大学 非常勤講師（キャリアデザイン）
さとう かつじ　キャリアカウンセラー・CDA（キャリア・デベロップメント・アドバイザー）

監修者略歴

秋山　剛 ｜ あきやま つよし

昭和54年　3月	東京大学医学部卒業
昭和54年　6月	東京大学医学部附属病院分院神経科入局
平成　3年　1月	同上医局長
平成　8年　4月〜現在	関東逓信病院（現 NTT東日本関東病院）精神神経科部長
平成11年　4月〜平成25年　3月	「東京英語いのちの電話」理事長
平成18年　6月〜平成25年　5月	日本精神神経学会理事
平成20年　9月〜平成26年　9月	世界精神医学会財務担当役員
平成21年　9月〜平成27年　9月	世界精神保健連盟理事
平成24年10月〜平成30年10月	世界文化精神医学会理事
平成25年　2月〜平成29年10月	公益財団法人こころのバリアフリー研究会常務理事
平成20年10月〜現在	環太平洋精神科医会議理事（事務局長）
平成21年　7月〜現在	集団認知行動療法研究会代表世話人
平成25年　4月〜現在	認定NPO法人東京英語いのちの電話名誉理事長
平成26年10月〜現在	多文化精神医学会理事
平成27年　6月〜現在	NPO法人国際病院認証支援機構副理事長
平成29年10月〜現在	公益財団法人こころのバリアフリー研究会代表理事
平成30年　2月〜現在	一般社団法人うつ病リワーク協会理事

若者のためのコミュニケーションスキル練習帳
学生の就活支援および新入社員教育のために

2019年 9 月20日　初刷
2024年 3 月20日　 2 刷

監修者 —— 秋山 剛
著者 ——— 集団認知行動療法研究会

発行者 —— 立石正信
発行所 —— 株式会社 金剛出版
　　　　　〒112-0005 東京都文京区水道1-5-16　電話 03-3815-6661　振替 00120-6-34848

装幀◉岩瀬 聡　　印刷・製本◉三報社印刷
ISBN978-4-7724-1718-1 C3011　　©2019 Printed in Japan

JCOPY 〈(社)出版者著作権管理機構 委託出版物〉
本書の無断複製は著作権法上での例外を除き禁じられています。
複製される場合は、そのつど事前に、出版者著作権管理機構
(電話 03-5244-5088、FAX 03-5244-5089、e-mail: info@jcopy.or.jp) の許諾を得てください。

これならできる 中小企業の メンタルヘルス・ガイドブック

主治医の探し方、ストレスチェックからリワークプログラムまで

秋山 剛　大野 裕 ●編著

B5版　並製　224頁　定価2,860円

労働安全衛生法の一部改正によるストレスチェックの義務化が2015年12月より開始されたことにより、企業でのこころの健康対応は活発になりつつある。

中小企業のメンタルヘルスには、ストレスチェックだけではなく、職場での精神疾患への対応、復職時の対応、主治医の探し方、など、さまざまなものが含まれる。本書では、事例や図を含めつつ、いままでメンタルヘルスについて触れたことのない素人の方にもわかりやすく解説した。

「ストレスチェック」といっても何から手をつければいいのかわからない!!!

と頭を抱えている中小企業の人事担当者の方へ…………

できること、あります!

価格は10％税込です。